DELIRIOS

Otsoa

EDITORIAL
Poesía...
eres tú.

Delirios

Primera Edición 2024
© *Otsoa es el pseudónimo de Mireia Ochoa Arratibel 2024*

© *Editorial Poesía eres tú.*
https:// poesiaerestu.com
C/Dr. Fleming Nº50, 4ºD
28036 Madrid
Teléfono: 34 91 999 13 12

ISBN: 978-84-18893-74-2
Depósito Legal: M-9200-2024

DELIRIOS

OTSOA

INTRODUCCIÓN

Dicen las ásperas y curtidas lenguas que mis letras se asemejan a la forma en la que mis manos el viento moldean. Mis yemas tratan de desvelar la belleza que asoma entre mis entrañas enfrascándolas en palabras. Pero ella, libre, absoluta, voladora, salvaje, sin rostro ni imagen, dentro del molde humano no deja comprimirse. Insonora, sin forma —y a la vez todas— se escurre entre los huecos de mis dedos, como el agua pura de una cascada se cuela por el musgo y las piedras, se desliza por mi garganta y cala mis huesos, sobrepasa toda palabra. Inútiles son mis versos que tratan de fotografiar a la luna silvestre que tras farolas se esconde.

Inútiles mis pasos. Inútiles mis lágrimas. Inútiles mis muecas. Sin sentidos todos mis balbuceos. Huyo como delirio. Me muestro como se muestran mis versos, sin raíces ni cadenas, sin predecesores ni metas. Lánguida, sin rima, temeraria, vulgar y vergonzosa, así escribe mi pluma, así mi alma maúlla, así canta mi loba. Quizá no se pueda escuchar nada más de lo que grita este maltratado papel, tal vez estas palabras se vuelvan invisibles mientras se leen, es posible que mi historia no traiga ninguna gloria, que haya sido escrita del revés, sin interés. Hace cuatro años comencé a construir mi casa por el tejado, cuatro años después no me he dado por vencida tratando de edificar sin cimientos, pero sigo en pie. A la intemperie, paraguas roto en mano, como si esperase la caída del rayo una tonta tarde de verano, solo tengo la compañía del firmamento y la fija mirada de mi proyecto ruinoso. Mireia, todo ruinas, quizá en algún momento aspiraron a ser murallas, pero ahora todo lo que sostengo entre mis manos, tras mi pluma, son delirios de noches tardías.

Estoy ciega, no veo, divago por la bruma del espejismo, tampoco es mi intención ver más allá de la orilla, me quedo con el devenir, el ir y venir del delirio que teje toda mi vista. No me importa lo que veo, sí lo que huelo de cada uno de estos versos, versos no cosidos sino nacidos de lo más profundo de mi torso, hijos ilegítimos entre temblores y remordimientos paridos.

Sin alargarme más, no es mi intención invitarles a juzgar sino a anclar su barco en este puerto sin lugar. Naveguen sin rumbo, sin importar el año o el océano de mi más allá[1], para sentirlo como su propio más acá.

---

[1] Este texto es la recopilación de todo aquello que he escrito desde los 15 hasta los 19 años, ordenados tanto cronológica como temáticamente, mayormente se trata de poesía y prosa. El contenido dividido entre amor, sociedad-relaciones sociales, mi interior y mi observación-imaginación, tiene el fin de ser así en que muestra el conjunto completo de mi estar con esa edad, aunque de todo ello literalmente solo sea una ínfima pincelada. Los siguientes versos muestran todo lo que me ha sido posible expresar en palabras, quiero creer, me gusta leer, que tras ellas se ocultan los recuerdos más vivos de lo que he sido, de ahí que delirios sea el océano de mi más allá, pero escuchar a mi pasada yo hace que me sienta más acá, ojalá que a ti también te pueda pasar, te pueda acompañar. La razón de que esté ordenado cronológicamente se basa en que muestran el movimiento bien del comienzo de mi apertura al mundo o bien la contracción de mi mundo, el vals que bailan ambas opciones entre los diferentes ámbitos. Un baile torpe del que muchas veces me avergüenzo, pero a pasos dados nada vale tratar de deshacerlos, compartirlo me hace asumirlos, aceptar quién soy y quién he sido, aunque muchas veces no vayan acordes.

Delirios del corazón

2019. Mi primer amor quién con dos meses huyó.

Desamor I.

¿Sabes? Te daría un millón de razones por las que te quiero conmigo, por las que no te olvido. Pero ¿Para qué? Si ya da igual, *soy yo la que no asimila que se ha acabado, que ya está, hasta aquí, se acabó, no te quiere, nunca lo hizo. Date cuenta, en cuanto llegó algo mejor se marchó a por ello. Fuiste su pasatiempo y ya no pintas nada en su vida.*

La verdad es que no te culpo, mírame, posa tus ojos sobre los míos, y dime ¿Quién querría estar conmigo? Voy dando tumbos de extremo a extremo de mi vida, o muy blanco o muy negro, no tengo media tintas, tampoco me deja distinguir el color la velocidad de mi pensar, actuar. Pero tú, tú me hacías frenar, parar y pensar las cosas, me hacías sentirme distinta, estar a gusto conmigo misma, me enseñaste a vivir conmigo pero no sin ti.

Mírame, estoy tumbada, tirada en la cama, exactamente a las 17:02 hecha mierda, tirada como un trapo, engullida por un mar de dolor, escupida por esos recuerdos que causan ardor. Así cada día desde aquel día, te echo tantísimo de menos que a veces no puedo ni respirar, ganas para ello tampoco me quedan ya. Me dueles en forma de una presión extraña bajo el pecho, eres como una constante y angustiosa ganas de llorar, pero no puedo, fuerza tampoco tengo.

Mientras tanto, tú, quién sabe, estarás con tus amigos, o con ella, regalándole las sonrisas, los besos que antes eran míos. Te prometo que me alegro la vida de verte feliz con otra persona, aunque cada vez que con ella te veo me dan punzadas en el corazón, mil cuchillas apuñalan mi pecho cuando te refugias bajo su cuello. Está claro, yo no estaré bien mientras tú estés con otra persona, pero estaré el triple de mal si tú lo estás.

Y yo ya no sé qué hago volviendo a escribir sobre ti, más que nada porque dirás —qué pesada de ex, ya, para, olvídame— Y así todo el mundo, ya lo siento, no puedo, no puedo olvidarte al igual que tú no puedes ver todo lo que daría por ti. Todo esto debería de habértelo dicho en su momento, y no ahora, no debería de haber quemado aquellas cartas, te tendría que haber dado cada una de ellas, aquel beso no tuvo que ser el último, porque contigo las cosas encajaban, demasiado para ser verdad.

Pero bueno, supongo que cada uno por su lado, tú por el tuyo, sacándole una sonrisa a todo aquel que se cruza en tu camino, y yo por el mío, hablándoles a todos de lo que brillaba y lo jodidamente bonita que era tu sonrisa.

La verdad es que no sé si los hilos rojos existen, si las medias naranjas son verdaderas, o si alguien siempre va a querer estar a mi vera, si con alguien van a encajar mis manos, no lo sé, solo sé que esa persona será quien reemplace tu sonrisa por la suya. Y te prometo que algún día pasará, y lo cumpliré, no como tú con tus promesas.

Desamor II.

Me he cansado, me he cansado de esperar a algo que no va a llegar, alguien que se fue, y no para volver, que me dejó vacía y me rompió todos los esquemas. Es como un tornado, lo ves a lo lejos, precioso, y sabes perfectamente que en cuanto se acerque, se va a ir todo al garete. Hay personas que son (mos) amantes de los tornados, los perseguimos por todo el mundo corriendo el peligro de morir, tú eres mi tornado, y como los mejores cazadores de tormentas, no me cansaré de seguir tu estela. Por mucho que diga que sí, como al principio, no me cansaré, no paro de engañarme, mentirme, todo en balde, no puedo olvidarte.

Tú, tú fuiste mi pequeño milagro, aquél preciso momento, donde por destino o casualidad, todo cuadra, mi pequeño big bang, me hiciste probar el dulce sabor de la felicidad para luego dejarme precipitar y notar la adrenalina al caer al agujero del que ya salí. Ahora espero, con los pies colgados por el barranco, a que vuelvas para volver a llevarme al dulzor de la felicidad, sé que eso no va a pasar, yo me lo he dicho y todos no paran de repetirlo. Pero ninguno de ellos sabe qué es amar a corazón abierto, arrancárselo del pecho y todavía latiendo regalárselo al prójimo, confiando en que dicho latido no cesará. Eso hice yo, como una idiota se lo di, él lo cogió, por un momento con desprecio lo miró, pero él no lo tiró, le obligué a hacerlo yo, dejándome un vacío inmenso en la zona del corazón.

La verdad es que estoy hasta las narices de escribir sobre ti, pero ya no sé qué más hacer, de amor nadie se muere, pero sí de la locura provocada por éste.

J.

Grieta en el corazón

Cuando uno está tan unido a una persona, que literalmente podrían ser una, al separarse se dividen en mil cachitos, mil cachitos de corazón.

Cuando dos personas se aman comparten corazón, el cuerpo se acostumbra a su figura y no se imagina que le pueda faltar nunca. Cuando los mil pedazos estallan, la primera reacción del cuerpo es no asimilarlo, te ha caído un jarrón de agua fría y no sabías ni por donde te venía. Luego uno se arrodilla e intenta volver a juntar los pedazos con sus lágrimas, tratar de arreglarlo de cualquier manera. Luego poco a poco, el cuerpo se va relajando, a su falta se va amoldando, pero por dentro está tan hueco, que con nada podrá ser relleno. No hay hambre, no hay sueño, no hay ganas de comenzar un nuevo vuelo, no hay fuerza para ningún duelo. Por la cabeza solo asoma el recuerdo, recuerdo doloroso, escamoso, que añora el retorno.

A ello le sigue rehacer la vida, volver a encontrar tu sitio como solista y aflorar tu sonrisa por ti misma. Toca volver a conocerse a uno, volver a vivir sin sentir el nudo que provoca su falta, y redirigir el camino hacia un destino único. Es entonces cuando abres los ojos y te das cuenta de que uno nace y muere solo, aunque por el camino se nos olvide y lo queramos compartir todo. Todo lo quisimos regalar a esa persona que ya no está, y ya no sé qué hacer con todo esto que se iba a dar, más que para mí y en mi beneficio todo guardar.

Por último, solo queda mirar atrás y ver que aquellos recuerdos que tanto dolían ahora en tu rostro solo provocan una sonrisa, ha desaparecido la amarga lágrima. Aun así, siempre asoma algo de melancolía al recordar lo bonitos que fueron aquellos días, pues un pedacito de los miles siempre quedará unido, en su sitio.

2020. Un amor efímero en el intento de retenerlo se torna en infierno.

II.

Mírame a los ojos,
acuérdate de ti
acuérdate de mí
acuérdate de nosotros;
dos seres contra el mundo
el mundo contra dos seres.

VI.

Me hundo en un mar de dolor y me agarro al flotador de tu recuerdo,
un flotador traicionero; parece que me mantiene a flote, pero solo me hunde en el mar inmenso.

VI.

Ojalá fuéramos como aquellos viejos poetas diciéndonos "te amo" a través de estas letras. Rozando tus labios con estos versos, así tus "te odio" no serían tan perversos.

VII.

Rescata mi corazón de tu bolsa de cosas inútiles;
póntelo en la mano, siente cómo palpita.
Un día lo hizo gracias a ti, sin embargo, lo dejaste morir.

Métele mil puñaladas, rómpelo en ciento un pedazos,
pues a ti te pertenece, solo tuyo mi amor,
yo ya apenas siento el dolor.

VIII.

Te coronaste dueña de mi vida, propietaria de mi agitada
mente, patrona de mi alma a la deriva.
Ten.
Toma mi corazón,
pues hace tiempo que solo a ti te pertenece,
amor.

IX. E

El corazón late hasta estallar ¿Pero qué esperabas?
Eso es amar.

Amar es arriesgar: dejar tu cora y esperar que no lo van a
aplastar.

Amar es soñar: te llena de alegría a rebosar.

Pero, sobre todo, amar recompensa todos los males que por
éste pasarás.

X.

Cualquier momento es bueno para añorarte,
imaginar cómo será volver a abrazarte, sentirte o besarte.

XII.

De mí te adueñaste, tú mi alma robaste, después de ella te
olvidaste y en un mar de lágrimas la desechaste.

XIV.

Es desgarrador cuando te arrebatan un corazón.

Unos afilados cuchillos penetran por tu estómago, las lágrimas
luchan por no recorrer todo tu cuerpo y tu corazón grita socorro

necesita de su calor,

pero junto a la esperanza, ya se marchó.

XV. U

No lloro tu marcha
joven alma libre
pues echo la vista atrás,
y veo que suficiente sufriste.

XX.

Que irónico es el alimentarme del recuerdo de aquél
       efímero   momento que
fue tenerte.

XXII.

Mil hermosas damas pasaron por mi cama

todas sentenciadas antes de la primera batalla.

XXVI.

Hoy recogeré con una red hecha de falsas ilusiones las nubes
de aquella tarde donde se unieron nuestros corazones.

Para curarme las heridas las usaré como algodón, también para
secarme las lágrimas
que mi rostro recorren desde tu huida.

XXXVII.

Cuando marcó nuestro último adiós, se dio la vuelta y se marchó,
pero no se fue sola, al irse, con ella embarcó mi ser. Y ahora no
sé quién soy, pero a ella no culpo mi dolor.
No sé quién soy, pero necesito de su calor, de sus ires y venires,
de su ser y no ser, por ello no es; no sé quién es, no sé cómo
encontrarla y si lo hiciera no sabría cuidarla, amarla ni valorarla.

LVI.

Ven acércate, posa tu nariz sobre la mía, vamos a mirarnos fijamente, hasta que te atrevas a meterte en el huracán y que éste no te haga el amor, pero sí la libertad.

LXI.

Quiero que tus labios vivan en los míos, quiero arroparte con mis brazos y que jamás sientas frío.

LXVIII.

De veras te recuerdo alegre danzando por el campo. Princesa de pelo dorado ¿Qué te ha pasado? Hace tiempo que de contar los días en el calabozo has dejado.

LXXV.

Mil patas corretean por mi estómago cuando la ven a ella, cuando a mis labios se acerca.
Las escurridizas patitas hacen que me olvide de la roca que presiona mi estómago,
me hacen sentir libre, me hace sentir libre.

LXXX.

Aquélla despedida, que duele más porque no sabes que te despides.

Un efímero adiós, acompañado de un hasta siempre y dicho con una caricia, sigue doliendo, pues no sabíamos que era un hasta siempre te recordaré, pues no sabíamos que era un adiós a aquel nosotras.

LXXXII.

Me niebla el corazón

no soy capaz de mirar lo que vaya más allá de sus ojos color mar,

no soy capaz de sentir más allá del impacto de las olas de su saliva,

no soy capaz de escuchar más allá de la tempestad que su voz desata como un huracán.

LXXXVI.

Lo he intentado todo amor. Todos los remedios para curar tu dolor, incluso he pensado en trasplantarme el corazón.

Pero nada cura ni remedia, solo tus besos, mirada, compensa tu ausencia. Ojalá curarme este mal pudieras, pero ni para pedir auxilio tengo inercia.

LXXXVII.

Un día más, aquí me encuentro, llevando poesía a una tumba vacía, donde esperaba enterrar nuestro amor, pero nada, que ni existió.

—O eso quieres creer—

yo lo describiría como un cuadro robado, era valioso, precioso,

—pero lo arrebataron—

así que haremos como si nunca existió, a no ser que vayamos en su busca las dos juntas.

LXXXIX.

Me he convertido en las cenizas de tu recuerdo.

Y seré ceniza hasta que al olvido me condenes soplando mis últimos restos, pero querida, no podrás hacerme esfumar de tu remordimiento, corazón, intimidad.

XCII.

Flores pa' tu pelo
niña de lucero,
flores secas
pa' tu cabello muerto.

XCVIII.

Sigo corriendo; cuanto más lo hago más rápido vuela, por cada paso que doy la hoja se aleja más todavía. Tampoco mira atrás, ni el propio viento tiene apenas remordimiento.

Pero yo acelero, no ceso, hasta que ella, hoja arrastrada por el viento, se ve envuelta en un tornado: por mucha melancolía sentida jamás será cogida.

C.

Anhelo sus gritos, de puerta a pasillo,
pasajeros.

Cuchillos de besos, disparos de rosas,
siempre pasajeros.

CVI.

Desnuda frente a mí, piel de gallina al ahogarme en ti.

2021. Enamorada del espejismo causado por el olvido

III.

El pálpito del viento va y viene-viene y va pero siempre a ti va a regresar.

Y si no lo quieres, dime amor por qué le abres la puerta a mi huérfano corazón.

Segundos malgastados, en otras pieles, labios, roces,
¿Por rencor? o quizá por miedo al dolor.

XI.

Voy dando tumbos de extremo a extremo de mi vida;
tu dolor hacía que mi mente no se quedara vacía.

Pero ahora apenas duele tu recuerdo, a quedarme sola conmigo misma temo.

XIII.

La toco, no eres tú.
La beso, no eres tú.
Te miro, no eres tú.

¿Eras tú conmigo de verdad y ahora engañas a toda la sociedad?
¿O la que conmigo eras simplemente ya no está?

XVIII.

Estoy a su espera, siempre a la vera de la primavera.
Mi anhelar morirá cuando ella regrese con el de las aves
emigrar,
quizá en otro cuerpo, en los ojos de otro mar.
A

XIX.

Te quiero vida. Te quiero muerte. Te quiero tanto querer
que quiero yo de parte de todos esos borregos que les parece
patético el querer.

XXI.

Esta noche, mi barco de la agonía anclaré en el mar de tus ojos.

Allí, mi sirena, reviviré todos los recuerdos que hace tiempo de
tu mente se esfumaron.

XXV.

Nuestro amor solo se puede conjugar de dos maneras:
pasado y futuro.

Esto no incluye el presente, por lo que éste, nuestro amor,
es inexistente.

XXX.

Me arden en boca todas las palabras que no pude decirte antes de que te marcharas.

Me hiela el alma pensar que jamás volveré a abrazarte por la espalda.

LVII.

El humo se aleja como se alejó de mí tu último suspiro; ése que marcó nuestro último
despido.
Adiós, adiós felicidad pronto creeré encontrarte en otra alma,
en otro lugar;
del que también me despediré, a echarla de mí volveré.

¿Será una ilusión? ¿Será la realidad?

LXVII.

Ojalá ser tu espejo amor, para contemplarte el día completo.

Ojalá ser tu espejo amor, para que así no te mintieras y con mis ojos te vieras.

LXXXI.

Te vuelvo a soñar   te vuelvo a sentir,
    pero no te vuelvo a besar.

Te vuelvo a recordar   te vuelvo a añorar,
    pero no te vuelvo a faltar.

LXXXIII.

Los grillos de mi cabeza me gritan que no que no bese su sien.
El corazón me llora que no salta como antes.
Las manos me tiemblan al no notar su cintura.
Mi cabeza se para para imponer que la añora.

XCIII.

Niña, mánchame la vida de tu rojo carmín.
Destíñeme los grises, desgasta mis males, antes de que ellos te coman a ti.

XCIX.

Tus ojos de mar a rebosar y labios rajados con sabor a sal
me dejasteis el amor con sabor a sangre y olor a cal.

CIII.

Letras, melodías que duelen en silencio, que con cada nota
clavan una estaca en mi dolorido corazón.
Love of my life, you've hurt me
y ahora me mandas letras, melodías para reabrir la herida.

I.

Bendita batalla que con un beso en la espalda en mi cuerpo
estalla tu cálida primavera vestida de seda.

XIII.

Olores
rencores
arcadas
temblores
de un frío
noviembre
al solo
recordar
su nombre.

XIV.

Sangre en el suelo mientras le corto las alas al último sueño.

2022. Romancero de guiñoles

I.

El amor. El amor Es dolor y el amor provoca dolor.

El amor es dolor porque su intensidad penetra por todo el interior del que ama, rompiendo todas las costuras y ahondando en las zonas más oscuras. Y sigue siendo amor, presente en todo su ser, dolor bonito, duele bonito pues sigue presente: entero, absoluto se siente.
El amor es como el mar, su fin es imprevisible como su tozudez, su tranquilidad, amabilidad, hogar, su ferocidad y funebridad. Pero qué sería de nosotros sin mar, nos da la vida, es el que permite respirar y en tranquilidad llorar.

El amor provoca dolor cuando desaparece, se marcha y deja de ser dolor, deja de ser:
ya no es
ni dolor, ni rencor, ni temor, ni del corazón ardor, ni de la sonrisa y vida motor. Porque cuando se va solo se espera al día en el que en otro espectro aparecerá, a la espera de volver a llorar, volver a volar, volver a amar. Sin embargo, deja una estela de vacío cuando se marcha con sigilo, porque yo no elijo a dónde va ni de donde vino, solo me toca seguir su camino.

XXIV.

Apenas me quedan ganas para besarte, para desvestirte.

Apenas me apetece buscarte entre la gente, pensarte o añorarte.

Apenas tengo fuerza para mirarte, para sonrojarme.
L.

XXIX.

No intentes emborrachar a mi corazón, pues tendrás resaca de traición cuando me esfume de tu ilusión.
No me culpes, soy así, no te puedes fiar de mí, a no ser que no llores por mí, no me hagas sentir que poseo dominio de ti.
Solo así correré tras de ti y tú la burbuja de mi ilusión estallarás frente a mi corazón.

XXXII.

Hazme la guerra libre que el amor me duele,
abre la temida coraza donde escondes no el corazón,
sino la herida,
el dolor.

Descorcha el champán y derrámalo no
en la camisa, sino en la herida,
hasta que de dolor gima y te pida que nunca, jamás
te vayas de mi vida.

XXXIV.

Viento viajero en el banco te espero.

Fumando, llorándote en el tintero.

Sé que no volveré a sentirte en mi pelo.

Pero viajado viento, atroz irrumpes en mi pensamiento.

XXXVI.

Qué bien me dueles amor, cuando tu recuerdo me roza el hombro en forma de viento.

Qué bien me dueles amor, cuando tu sonrisa clava en mí una envenenada flecha.

Qué bien me dueles amor, eres como el alcohol para la herida de mi abierto corazón.

LVIX.

Mis manos te buscan como la lava al mar, haciendo que entre en calma mi propio volcán, haciendo que mis penas bailen cuando tus ojos me acarician, haciendo que mi vello se erice cuando rozas tu piel con la mía.

LXIII.

Un beso; un choque, un accidente, donde mar embravecido y mar calmado se hacen uno.

Una mirada; un destello, un rayo verde, cuando un segundo se hace eterno y siempre vivirá en el recuerdo.

XCIV.

Ojos de caprichosa me miran, un último baile me suplican.

¿No ves que tiempo atrás se me olvido bailar?

Alargada mano de mi estira, a la pista de baile me tira.

Luego no me llores si te piso los pies.

CVIII.

¿Qué hago princesa?

Si amo el mar y vivo encerrada en la montaña.
Si deseo arder y estoy a punto de congelarme.

Y tú dirías, carpe diem amor: dale la vuelta al reloj.

Como si el mar no me calase las costillas.
Como si el ardor no me dejase vivir del dolor.

A veces es mejor vivir sobre el trapecio del propio deseo, a caer en el vacío que él evoca. Pero joder, necesito caer y con la adrenalina saber que mi alma de verdad respira.
A.

XV.

El silbante viento, el cual arrastra objetos muertos, crea un rebelde remolino.

De este se desprenden Olores   que traen Rencores
         y recuerdan a Sabores   que producen Temblores.

Entonces deliro con una fugaz carcajada sonada por la vieja calzada.

Cuando tú.   Cuando yo.

Objetos muertos caen en el suelo con la marcha del rebelde viento.

Escalofrío.

XVI.

Deliro con tu mirada de delito, miénteme, con ellas deleito, por el pasillo se escucha mi grito, rompo corazones con sigilo, porque añoro sus besos sabor sal, me recuerda a la tristeza del mar, una ola mi barco va a abordar, estoy viendo mi alma naufragar.

2023. El retorno de mi corazón náufrago y borracho

I.

Las yemas de mis dedos surcan su piel, sin mucho interés de saber qué parte es. Lo único que tratan de saber es de a dónde los transporta su rugosa superficie.

Tu piel podría ser arena, arena de la costa, arena puntiaguda llena de conchas. Arena porque entre los dedos quema, arena porque el ruido de las olas ciega.

Tú, tú podrías ser arena, pero tus ojos sugieren otro tema.

Tus ojos fantasmas del pasado atormentan con esa paz, que a su vez me hiela. A simple vista monocromáticos, cuando a ellos me acerco reflejos se ven tus pálpitos y la vía láctea que los surca, tantos temores como estrellas ocultan.

Tus manos tratan de guiar a mis rebeldes yemas, pero éstas, no contentas se dedican a entrelazarse con tus robustos dedos, creando en mí un inesperado revoloteo. Tus manos también recorren mi cuerpo, pero no en busca del tesoro, solo miran por el deseo o eso es lo que en su desliz veo.

No amo tus pies como hacía Neruda, siquiera te trajeron a mí, simplemente parece que yo te aparecí. Tus pies sujetan tu peso y hacen posible todo esto, pero huirán cuando toque el reverso o hacia el lado contrario caminarán cuando de cruces topen con la adversidad.

Tus labios los conocía de antes, tu labio inferior me resulta familiar, a veces, me trae de vuelta fantasmas que ya no están sabiendo a hierro con sal. Otras veces es dulce, como si estuviera lleno de agua de manantial, siendo fruta que explota en mi boca, toda su frescura en mi quiero palpar.

Tu terca cabeza se apoya en mi hombro cuando le da flojera, pero mi hombro no está para andárselas con cualquiera. Mi corazón, sin embargo, incita a tu cabeza acariciar y cuando lo hago, siento por el hueco de los dedos el desarraigo que traigo hacia el mar, sensación que educadamente invita a llorar.

Tu corazón me canta serenatas de amor como hacía Romeo mirando al balcón esperando a que Julieta aparezca en todo su esplendor, pero yo no soy la protagonista, ni tú el tenor. Tu corazón se regocija sobre las migajas de una historia de traición, daltónico, confunde con pasión. Tan pequeño e indefenso a tu corazón no le encuentro lamento, para sernos sinceros, solo quiero conocer sus adentros sin clavarle espinas del seto.
Pero todos los quiero nunca son traducidos a puedo.

III.

Porque te hice de la nada, de la sorpresa y el deseo, hoy te miro a los ojos y te temo.
Te temo, porque eres hija del viento, que hoy llena la nada de la que naciste y cualquier día darás la sorpresa de irte.
No cortaré tus alas, joven alma libre, es más, si lloras, y estas se mojan yo daré mi calor para cesar el dolor.
Mi calor parte del deseo y vuelve a la nada, no te sorprendas pues una vez a ti dado me regocijaré en el temor, pero no sufriré,
Amor.

IV.

Porque yo te creé a ti amada mía cómo hizo Dios, de una costilla vacía.
Yo te creé a ti amada mía del brillo de la luna y de la gota que mi rostro surca.
Yo te creé a ti amada mía para en las noches frías hacerme compañía.

Yo te planeé sin querer, tú naciste del lecho del poseer,
tú amada mía, eres producto de mis noches en vela,
de mis venidas e idas sentidas.

Amada mía buscas refugio en mis pensamientos corruptos,
en mis lágrimas de luto, en cada letra que grabo en el sepulcro.
Querida, no eres más que mis tardes tardías, no eres más que el despiste de mi cabeza, no eres más que yo misma cuando en mi reflejo veo mi pecho abierto.

VII.

Veo en tus ojos la llama que se apaga e incita al olvido, pero el fuego quema, querido, lo siempre ardido no volverá a coger respiro. Las cenizas no se las llevará la brisa, pues el recuerdo de cuando ardieron y el calor del fuego sincero no se lo puede llevar el viento, pero jamás volverá a arder el pecho.

IX.

No te veo, pero estás dormido con los dedos por mis rizos escondidos, tu aliento en mi espalda rebota con total sigilo.
Tus brazos me abrazan, a veces la cintura, a veces la cara, yo solo respiro en calma, porque así, aquí me siento como huérfana en una nueva casa a la que podría acostumbrarse. Pero junto a huérfana, soy nómada.

X.

Apoyo mi cabeza en el césped, después de que mis piernas, torso y brazos se hundan en el.

Entonces miro al cielo; está oscuro, para que mis lágrimas actúen de estrellas esta noche, el humo que se esfuma por mi boca se transforma delicado en tu silueta, para ascender sereno, ligero y fogoso más allá del cielo, a través de un beso salpicado por una gota en mis labios.

Entonces a la gota la sigue la lluvia que recorre mi cuerpo, empezando por mi cuello, veloz el cauce sube tras su ágil trazo. Mi cuerpo en el charco se hunde, en mis palmas siento la hierba húmeda, la huelo, la saboreo y en su calor me pierdo.

Entonces como madera sobre brasa por mi estómago las chispas saltan. Traviesas, graciosas y puntiagudas provocan la llama que me asciende por la garganta para precipitarse por mi boca hacia las nubes del universo. Dulces, esponjosas y ardientes, me acurruco en ella, me abraza y es volver al útero que me vio nacer.

XIII.

Veneno, veneno bebo para seguir, veneno para vivir. Veneno porque te quiero, veneno porque beberte quiero. Uno elige cómo acaba sus días, uno es dueño de su corazón, de su ser, o quizá al revés, pero nadie externo es dueño. Nadie externo es dueño salvo que uno se conceda a ello, y yo no quiero, pero veneno, a ti me concedo. Ya no sé si resistirme a ello, porque veneno, tú me comes las entrañas, alimentas mis musarañas y la garganta me desgarras, pero que bien entras por las mañanas.

XV.

Tu tacto,
podría reconocerlo en mil manos, la forma en la que tus dedos recorren cada milímetro de mi cuerpo, aprecian cada marca y miman cada herida. Lo haces de una forma solo tuya.

Solo la forma en la que tu aliento asciende por la recta de mi espalda hace que cada centímetro de mi vello se erice sin remedio. Aunque esté de espaldas, y no te vea la cara, sé que eres tú, por cómo tus manos abrazan mi cintura, por cómo se adaptan a mis curvas.

Tus ojos, no se quieren perder ningún momento, y permanecen alerta por si decido cruzar la puerta dejando de estar a su vera.

Todos los laberintos de mi mente no te tienen de vertiente, ni apuntan hacia ti, pero tienes algo, quizá tus manos, que hace que me quiera quedar un rato.

Tú, tú eres delirio, porque vas y vienes con sigilo, porque te tengo presente como espejismo, porque sé que no vas a quedarte, pero ojalá el siguiente tren no arranque.

XVI.

Es verdad eso que decías que, a tu lado, y en la vida, soy como una minina.

Yo era tu gato y tú aquel viejo borracho que me daba de comer de vez en cuando.

Una madrugada me colé por tu tejado y me acomodé en tu casa sin siquiera haber preguntado.

Entonces cuando a casa volvías parecías encantado de mi compañía; me acariciabas la barriga, los pelos se me erizaban cuando te veía.

Como gato necesito mi espacio, pero aun así, día y noche esperaba en la escalera que por ella subieras.

Y yo sé que tú eres un borracho y yo un gato, un gato por ti castrado, pero no me duele, si es a tu lado.

Yo no pretendo parar tus días, ni frenar en seco tus prisas, solo quería una pizca de amor, compasión, y no veo más allá de la niebla que tu mirada crea.

A ti no te importó que yo fuera un gato arrabalero, feo, sin una oreja y con rasguños por el cuello, siento que me ves como merezco. Pero no llego a saber si valoras lo que tus ojos ven y lo añoras al volver a casa, o si no te importa, más allá de las cuatro carantoñas.

Todo esto es en vano, ya qué más da sí sé perfectamente que no vas a regresar, a ninguno de los dos nos va a beneficiar, pero tu imagen recorriendo mi cabeza me crea un malestar que solo tus brazos pueden curar.

XIX.

En la vía láctea, misma galaxia, misma naturaleza, mismo hogar, pero en distinta tierra, otro planeta. Como un delirio, un espejismo, un día apareciste con sigilo. Contigo soy como un libro que no llegas a leer, pero hundes tus dedos en mis hojas, acaricias cada letra, sientes su textura, y, de alguna manera, descifras lo que pone en cada una de ellas. Lo descifras porque, aunque seas de otro planeta, y no lo entiendas, tu risa ofrece todo lo que necesitan. Tienes algo como veneno, que hace que no vea nada más que, como en pleno Londres, la niebla. Niebla de la despreocupación, porque tus ojos me hipnotizan y no veo, ni me importa, nada más que tu sonrisa burlona. Pero luego desapareces, y aunque como espejismo sigas presente, de otro planeta eres, planeta que te ata con cadenas, porque ninguno va a dejar su tierra.

XX.

Me duelen las plantas de los pies, pero no de caminar, ni de saltar, ni de volar, ni de amar. Me duelen los pies de correr sin fin y sin rumbo, de perseguir a una brisa que jamás será cogida —me recuerda a la huida de tu risa.

XXI.

Se marchó con la primera brisa de primavera, con mi vida a su vera nos quedamos mi corazón y yo perdidos al amparo de su regreso. El corazón lloraba, tiritaba y ni de lejos dormía, dolía con el suspiro de cada brisa.

XXV.

Hace tiempo que no te echo de menos, pero hoy al despertarme te he añorado.
No he soñado ni con el tacto de tus brazos, ni con la forma de tu pecho, pero por un momento he llegado a sentir el desliz de tu dedo vacilando por mi nariz y he vuelto a escuchar tu carcajada sonora en mi corazón rebotar.

No te añoro porque no te he tenido, no me dueles porque no me dio tiempo a conocerte, para mí, para mi cuerpo, mi piel y cabeza eres un extraño que vive en el efímero momento de cuando te decía "te extraño".

XXVII.

Te vi, y no sé cómo supe que era allí, que entre tus brazos un ratito iba a morir. Pero lo que no sabía era que esos brazos no serían los que me protegerían hasta el resto de mis días. Si no que ellos mismos, con todo el amor que no me pertenecía iban a ser quienes me estrangularían, y aunque condenasen, no sepulcrarían.

XXX.

Sonrisa tan pura, provoca en rostros su reflejo de todo aquél que esté cerca.

Sonrisa traicionera, mil males se esconden tras ella, mares de dolores, lágrimas y noches en vela, todo lo carga la sonrisa sobre su espalda torcida.

Sonrisa pura, como si quedase algo de cordura al sentir la estacada del corazón cuando sus ojos se cegaron ante el sol. Desde entonces, sonrisa, solo eres del todo pura cuando tus ojos ante los suyos se deslumbran.

XXXII.

Ojalá ser engullida por el mar, hundir mi cuerpo en su vendaval
y esperar su calma buceando por su serenidad.
Algún día seré tuya, mar, tú en cambio jamás mío serás. Siquiera
soy dueña de mi cabeza ¿Cómo serlo de tu inmensidad?

Pero como tú me miras, mar, haces que sienta que eres mío nada
más, que aunque solo esté hacia ti precipitada, tus ojos hace
tiempo que mi alma bañan.

VI.

Maite zaitudalako
sortzen dut
nire arkatzak
bidetik uzten doan
izar hauts aztarna.

Maite naizelako
sortzen dut
nire arima zaurituaren
lorratz aztarna.

XXXV.

Te quiero
con todos tus defectos, accidentes e intentos.
Te quiero
con los ojos y el corazón de par en par abiertos,
por mucho que el ser unísono quede en el intento.

XL.

Apaciguas la llama con las mareas cristalinas y calmadas que acarrean tu mirada.

Pero amor, aunque supusiera dolor, yo solo quería arder en el incendio de tu corazón.

XLII.

Tú, fortuna, no eres destino ni delirio, eres virtud sin esfuerzo, virtuosa por nacimiento,
sola
perduras a lo largo del tiempo.

Con mis manos puedo darte forma, pero no puedo desvanecer tu figura envuelta en una armadura que tus rizos dorados camufla.

Tú eres inescrutable, fortuna, puedes ser condenada por bruja que jamás serás abrasada, pues tú misma eres quien enciende la llama.

XLV.

Tu mirada sobre mí clavada simula la mar calmada, cristalina y acogedora.
En el reflejo de tus ojos todo es claro, como ellos, tanto que me llenan de asombro, tanto que podrían servir de refugio.

Pero luego tu voz enturbia el agua con cada palabra callada, sonrojada tras tu mirada.

Pero quizá soy yo que muero de sed en medio de este desierto llamado vida, quizá el delirio me ha llevado a ver mar donde solo hay sequía.

XLVI.

Qué bonito sería poder volar y saber hacia dónde aletear, tu rostro en las nubes poder acariciar y envolverme en tus brazos al aterrizar.

XLVIII.

Qué minúscula me hago cuando te paseas por mi lado,
qué indigno siento mi cuerpo cuando tu aroma inunda mi olfato.

L.

Me matas con una mirada, con una sonrisa burlona, con tus dedos descendiendo por mi espalda.
Me matas con tus labios fugaces, con el guiño de tus luceros azabache,
cuando vas a terminar por marcharte.

LII.

Lo absurdo que es quererte cuando no sé mirarte de frente.

Solamente con notar tu aliento de pasada las mariposas de mi estómago y mi piel erizada gritan que estoy en casa. ¿Pero cómo vas a ser mi casa si ni siquiera fui invitada? Te miro por la mirilla que muestras tras tu sonrisa, no me gustan las vistas, tampoco admites visitas.
Tus ojos negros, hondos, me miran de reojo dejando la puerta entreabierta, en cuanto abro la boca pestañean y se cierra.
Soy un despojo, un juguete roto, un trapo sucio, la luna de luto. Llamo a todas las puertas como si vendiera galletas, ya ni dan portazos, ni siquiera con excusas baratas frente a mis narices las cierran, solo silencios bochornosos recibo de respuesta.
Me ahogo en tu silencio, tan solo, tan atronador que taladra mi sien como llanto de recién nacido. Llanto que me seca, no sé decir nada, de todo lo que te diría se ausentan las palabras. ¿Cómo ir más allá de una mirada?
Pasaría de tu casa, pasaría de tu silencio, de las frenadas en seco para agarrar tu mano, para decirlo todo con el tacto, para echar a volar o a andar o a nadar, me da igual. Para ver el mundo a tu lado, para hacerte ver que nada de ello se compara con las ganas de amarte que recluyo tras este amasijo de huesos.
L.

Delirios de mi alrededor

2019. Nos sentimos diferentes y es lo que nos hace iguales precisamente

La montaña rusa de la compañía

Cada uno es un tipo de persona, y cada uno somos una persona diferente para los demás a la que realmente somos, ¿Qué complicado que no? Qué complicado que un día lo seas todo para una persona y que al siguiente no se acuerde ni de tu nombre, qué curioso que un día ni sepas quién es alguien y que pase un mes y digas "joder, que haría yo sin él". A veces el momento en el que te das cuenta de ello, es el mismo que te abandona. ¿Duele a que sí? Duele que alguien lo sea todo para ti, y tu para él… bueno, digamos que uno más.

Duele darse cuenta de que todos cumplimos un ciclo en la vida de los demás, al igual que los demás cumplen con un ciclo en la nuestra. Conoces a una persona, empiezas a hablar con ella, poco a poco a conocerla, luego empezáis a construir juntos, risas, momentos y abrazos, llegando así a la cumbre de la montaña rusa. Es entonces cuando giras el cuello y miras hacia atrás, para acabar cayendo del precipicio, todo acaba muriendo, descendiendo. La confianza se va diluyendo, las palabras no fluyen y los recuerdos se hunden bajo el mar. Por mucho que se intente, la distancia es inescrutable, y, aunque no lo quieras asimilar, ya está, ya todo acabó. Los momentos felices, las cumbres, son aquellas que en el momento no sabes que lo son, pero por algún motivo en el recuerdo permanecen y en mi rostro dibujan una sonrisa aparente. Nada volverá a ser igual, lo que es no volverá a ser, me repito una y otra vez, y así es, ya lo sé, pero caigo en ello una y otra vez.

Cuando estás con alguien especial, un trébol de cuatro hojas entre todos los demás, cuando te acaricia con la mirada o te abraza fuerte por la espalda, cuando tiemblas no de frío sino de amor, admiración. Momentos así han quedado grabados como tatuajes en mi piel, a veces me provocan escalofríos. Ahora veo a todas aquellas personas que han pasado como turistas por mi vida, felices con sus hogares, tampoco los añoro ni celo su felicidad, no quiero que vuelvan a ser felices conmigo. Ya no existe ninguna persona de las que recuerdo, han cambiado, se han quedado en el olvido, no los culpo, mi versión que ellos amaron tampoco está presente en este mundo. Es mejor vivir con el recuerdo que con el mal sabor de no poder haber en su momento soltado.

I.E.

Querida hija de puta, te diría que ya no te quiero, pero sé que lo hago porque te estoy odiando.

Querida hija de puta, me dejaste desangrándome después de un tiroteo, sola en la nada, y acabaste por disparar el último tiro que marcó mi despido.

Querida hija de puta, no me gusta hablar de ti, y siempre lo hago, lo hago y mal hecho, como si me dieras asco. La verdad que me lo das, me das asco porque fuiste tan egoísta que solo pudiste mirar hacia tu lado y cerrar los ojos para que no te salpicase el barro.

Querida hija de puta, te diría que te echo de menos, pero no lo hago, echo de menos a aquella persona que fuiste tú una vez. Aquella que me sacaba una sonrisa siempre que podía y era cómplice de todos mis ires y venires, añoro tus rarezas, te añoro dando gallos cantando. Mil videos de ese estilo me recuerda el móvil, como queriendo meter el dedo en plena llaga, pero luego te veo por la calle, y siquiera tu mirada me roza, por eso no te echo de menos querida.

Querida hija de puta, perdón por haber sido tan hija de puta contigo como tú conmigo, no tengo el derecho de tomarme la ley por mi mano, pero tomé la decisión de serle fiel a la única persona que no pudiste arrebatarme, a mí misma. La venganza es una comida que se sirve fría, y a ti te cayó como un jarrón de agua helada.

Querida hija de puta, ten huevos, ten huevos a mirarme a los ojos y decirme que no me echas de menos, que ninguna noche te acuerdas de todos nuestros jaleos, fiestas y jergas. Porque yo sí que lo hago, y luego me atraviesa el recuerdo de cuando arrasaste mi vida como un tsunami, que me revolcó, me ahogó.

Antes de eso tú y yo estábamos unidas como mugre y uña, el sol y la luna, hasta que un día cualquiera masqué la incomodidad, vi a tus ojos tratando de trazar el plan para de mí escapar, si me lo hubieras dicho yo solita me sabía alejar.

Monotonía y una manzana prohibida

Siempre pasa que cuanto más complicada es la cosa más engancha, cuando es perfecto, fácil y sencillo aburre. Cuando algo es prohibido, más ganas de hacerlo. Cuando algo es imposible, la obsesión llama a la puerta. Cuando sabes que no te quieren, más quieres que te quieran. No busques la diferencia, a todos nos pasa, ¿Entonces dónde está la diferencia entre uno y el otro?

Pies

Los pies, esa parte tan importante del cuerpo, sin ellos no podríamos andar, ni correr, ni saltar, sin ellos Neruda no la amaría a ella igual, y sin ellos nadie podría estar donde está. Los pies son una parte esencial del cuerpo, tan esencial como olvidada, solo recordada, añorada, cuando falta, ¿Quién se acuerda de lavarlos en la ducha? Con el agua sobrante que les cae sobra, ¿Quién se mira la planta sucia y despellejada? Solo cuando de dolor aúlla, y sin su funcionalidad nada cuadra. Cuando llega un día especial, todos nos agachamos y las uñas arreglamos, acicalamos, limamos, dejando el pie lo más vistoso posible, que con todo combine, para que luego nadie en él se fije. Todos somos pie, todos tenemos pies.

2020. Una cebra en un rebaño de ovejas

II.

Mira fijamente a tu bestia, siente su sed de venganza: nota como sin molestia te persuade como carnaza.

IV.

Cierra los ojos y escucha tu alma morir; siente cómo dentro de ti el último pétalo de esa preciosa rosa se desprende de su cogollo y cae lentamente. Dejando a su paso un vacío ilimitado, dejando a su paso una melancólica soledad.

Cierra los ojos y escucha tu alma revivir; siente cómo nace en ti el fénix del cadáver del alma, resurgiendo con una nueva fortaleza. Dejando a su paso el grito de aquel atardecer, dejando a su paso las ganas de volver a nacer.

V.

Media luna
lobo
aúlla a la luna.
Ilumina
la llanura
loca de cordura,
tu olor perdura.

Tus labios
son todo dulzura,
mis nervios
aturulla
y mi respiración
captura.

VI.

Por el mismo amor que vivo
moriré.
Por la misma boca que respiro
me ahogaré.
Por los mismos pies que hacia ti caminan
escaparé.
Pero por las verdades que hoy digo
jamás mentiré.

XXI.

Realmente la vida nos la pasamos sentados, esperando al entierro, confundiendo alegría con agonía.

Realmente la vida es un amor eterno prometido en segundos y sellado con una eterna sonrisa.

Realmente la vida tiene sentido por su antónimo, pues en cualquier momento te encuentras bajo el sepulcro.

XXIV.

A lo largo de nuestra vida desaprovechamos mil oportunidades; unas por una buena razón, otras por mala intuición.

XXVI.

Somos gatos de Schrödinger en manos del destino, viviendo una muerte lenta, larga.

XXXIII.

Caminan sobre mis huellas tratando de seguir mis pasos torcidos. Se tropezarán y por el precipicio caerán, al igual que hice yo, pero amor, a mí no me importa el dolor. Ellos, sin embargo, caerán por el barranco y sus huesos por los gusanos serán devorados.

XXXV.

Pasos de dinosaurio retumban en la planta superior. Pequeños piececillos han echado a andar, vida paralela acaba de comenzar. Nuevos pensamientos con la ráfaga de viento comienzan a volar. ¿A dónde le depararán?

XXXVIII.

Me tiemblan el pulso, las piernas, el cielo gris cae sobre mi
—Claustrofobia.
Lágrimas invisibles retumban en el charco, eco mudo llora las
penas hundidas en el barro.

LI.

Y si manda el corazón, dime amor, por qué haces las cosas sin
pasión, por qué rechazas por miedo al dolor, por qué le dices
adiós a la ilusión, por qué para volar no tienes valor,
…
por qué dime por qué hay un vacío inmenso entre nuestros
corazones
—entre tú y yo—.

LII.

Dime pues: qué sería todo sin nada. Qué sería de la vida sin la
muerte. Qué sería la luz sin la oscuridad. Qué sería de ti sin mí.
Cuestión de antónimos.

2021. El tiempo huyendo mientras en un banco lo espero

I.

Un abuelo sentado mirando a la esquela, a su hora melancólico espera. Ve cómo su gente va marchitando mientras otros van floreciendo, él solamente vive en su recuerdo; allí todavía corre por el ruedo. La vida ha pasado tan rápido que apenas ha percibido; que lo que fue no será y que jamás a ello regresará.

VII.

Al igual que los girasoles cuando cae el ocaso, preferimos no mirar cuando sobre nuestra espalda cae la temida oscuridad. Gritos, culpas y temores corren por nuestras venas, a la vez que lloramos las penas de algún girasol marchito.

VIII.

Su alma es color muerte, vestida con piel color vida y accesorios pintados de alegría.

Su mente es una pequeña mariposa, que al agitar sus minúsculas alas crea un mortal e imparable huracán.

Su mirada es baja y ojerosa, que esconde horas de remordimiento por actos rebuscados en la memoria.

X.

El tímido humo del cigarro se esfuma como la vida, mientras la muerte consume la esencia de ésta misma.

XII. N

Mi mayor miedo no es quedar en bancarrota, es hallar mi alma rota, mis ojos vacíos y labios secos; recitando un verso que hace a la sociedad eco.

XIII.

En su espalda lleva cargando miles de años con una piedra, esta piedra no es una cualquiera; por nombre tiene "miedo" y por castigo un infierno.

En su pequeña cabeza está convencida de que lo va a derribar, pero en verdad, si la piedra cae sólo le va a doler más y más; al miedo creó dependencia emocional.

XVII.

La mariposa de la muerte; mil bocas dicen que si la ves no tientes a la suerte.

La mariposa de la muerte; carga como maldición una calavera en la frente.

La mariposa de la muerte; el asesino llena bocas, pero de muerte mi mente.

XXII.

Ando en busca de un trébol, no uno cualquiera de esos comunes, de tres hojas, de esos hallables en cualquier esquina.
No.
Ando en busca de alguien como yo, uno de cuatro, de cinco o siete hojas. Estoy por tirar la toalla,
pero No.
Hermano, hermana, sé que te hallaré algún día en algún momento, lugar, contigo toparé.

XXIII.

Una joven serpiente, inofensiva al parecer le sale su primer diente, coge rapidez y muda de piel; se deja llevar en la corriente.

Sus primeras escamas relucen por el camino, lo que fue, no será jamás; ahora por las hierbas altas caza inocentes almas.

Pero así es su destino; como todos evoluciona, o se quedará por el camino.
Como esa joven serpiente, eres tú, soy yo, y no es dañino.

XXV.

Se escuchan risas y alguien dice; "aprovechemos, que no sabemos cuánto nos queda, quizás en unos minutos la muerte viene a vernos".

En ese momento todos ríen y asienten; saben que es una realidad.
Pero la ven lejana, nadie se lo cree.

Nadie excepto las perdidas almas que estamos a su espera; pero no vengas hoy, que con estos pelos —y este pedo— no puedo recibirte.

XXX.

Y total ¿qué? somos comida de gusano, paseándonos de aquí para allá, de allá para acá, creyéndonos narciso, creyéndonos inmortales, cuando en verdad,
¿qué?
mañana no se acordarán de ti.

XXXVI.

Quiero gritarte en la cara, pero amor, soy muda,
y, aunque no lo fuera,
¿Qué valor tienen las palabras ignoradas?
No sé amor, quiero decir tanto y merece la pena tan poco.

XXXVII.

Fuerte tronco de denso abeto mis raíces corroe.
En sus ramas escondidas grabo mi nombre.
Rayo de luz ilumina el matiz de la dura poesía del hombre que todavía vaga permanente en nuestras tierras, y marca por siempre nuestra cordura.
Y así, grabando nuestro nombre en la rama del árbol hacemos perdurar la costumbre, tradición
—o perdición.

V.

Qué es el tiempo más que otro simple invento, con el que al humano se le aliena como esclavo, fugándose su libertad con el viento.
Vivimos por él, negociamos con él y morimos por él, sin embargo, dime hermano
¿Por qué lo malgasto?
Al final del camino cuando sea extinto, la compraventa será sin sentido.
Creemos aprovechar las migajas de el que deben de quedar por venderlo al trabajar.
¿Pero de verdad es necesario gastar el tiempo en vano, en vez de con cuidado cosecharlo?
Que te voy a decir si yo también mi alma vendí y del simple invento esclava me convertí.

VI.

Ojos negros me guardan la espalda, manos suaves me allanan el camino, voz dulce espanta mis miedos suave abrazo me salva del delirio.
Patrón del barco de la alegría tu estela marca el rumbo de mi vida.
Ojos miel me cuidan siempre que lo necesito me miman, lágrimas no quiero ver nacer en ellos, ni ser yo la causante de sus estruendos.

2022. Sola entre cabezas encorvadas

XI.

Toda la sociedad, distinto síntoma misma enfermedad, cura difícil de hallar.

Una polaridad tan extrema que lo que en él ansiedad, tú calma hallarás.

Sin una fija finalidad recorremos la vida en busca de felicidad: hallar la cura a la fatalidad.

XIX.

Todas aquellas ex-s locas, todas las palabras rotas tenían sentido, cordura, pues veían la situación —la propia vida— con unos ojos, que ustedes, —sociedad dolly de copia— por lentes que se pongan, nunca, es más, jamás conseguirán comprender.

XX.

Si en verdad todo lo que toco marchita, todos opinan distinto, todos tienen otros ojos.

Es que quizá soy yo el estorbo, soy yo el error, soy yo la que carga con el de este pesar dolor.

XXVII.

Venimos a dejar huella, huella en la sociedad, huella en los demás.

Pero cuando todo muere, se esfuma la huella, se esfuma nuestra vida, nos esfumamos de la memoria.

Y solo queda la huella de aquella pintada que dejamos en una triste mesa de primaria.

Ésta un día desaparecerá, como desaparecerá todo eso que dejó huella en nosotros.

Todo muere, todo se esfuma, pero creemos que somos eternos, y que no somos uno más en esta desdichada sociedad.

XXVIII.

Ellos no sienten miedo, solo siguen el ciclo de la vida, sin pensar en el porqué de esta.

A veces sí lo huelen, lo sienten en el prójimo, y ahí es cuando atacan, porque saben que ahí duele.

Algunos creen sentir temor, pero es simple instinto, y cuando pasa, en ello no vuelven a pensar.

En cambio, nosotros, cumplimos una condena llamada conciencia, tememos temer una y otra vez, y esto nos ahoga en nuestra propia mente, persiguiéndonos hasta la muerte.

XXXI.

Amor, te has enamorado de un poeta, pero no le pidas que te dedique todas sus letras.
Amor, te has enamorado de un poeta, pero no esperes ver cumplir lo que prometa.

IL.

Las farolas no me ven, mis pasos no suenan, el barullo —de las penas de las multitudes sordas— engulle el silencio de mi delirio.
Me veo en el fondo de un célebre cuadro del gran Picasso, pero tus ojos, tu piel, no se percatan de mi presencia.

L.

Me ato la soga al cuello lanzándole una desafiante mirada a la muerte.
Ésta aprieta, lo hace fuerte, en cuanto más miro más tira.
—Querida no es mi intención salvar mi vida—.
Ésta, resentida me arrebata la soga del cuello, por no querer cumplirme el deseo, quizá por miedo, hoy en estas líneas me leo.

LIII.

Se va y a su rastro deja oscuridad.
Se va para dar luz en otro lugar.
Sí, mañana regresará, pero no es el mismo, ya no alumbra
igual.
Todas las luces cambian, varían, van y vuelven, mientras tú te
quedas en la oscuridad.
Estarás ciego a menos de que tengas luz propia, luz que no se
vaya a otro lugar, que no cambie, no varíe, que alumbre igual.

2023. La más inadaptada entre primates encorbatados

III.

Mi ánima —la de los demás no puedo confirmar— se compone por la fuerza que mueve la rueda. Esta fuerza nace de la tensión entre los no iguales; —más distintos— positivos y negativos, que hacen que todo lo que me rodea ambos lados de la moneda en sí contenga. Por eso cuando viene la primavera y el sol calienta la acera, el frío se anhela y es perseguido en lo que vuela.

IV.

Se encuentra un piano dentro de una oscura habitación, sus teclas son infinitas y la combinación de estas varía como los caminos de la brisa.

Coincidencia o destino un día empiezan a sonar armónicos ruidos hasta que ellos mismos cobran sentido. Entonces en la oscuridad se hace la luz y las melodías tímidas comienzan a danzar, poco a poco sus pasos van agudizando y hasta parece que van armonizando.

No comprenden el sentido de la vida estas danzantes armonías; entrecortadas bailan al ritmo de la música sin saber por qué su alma vive, danza.

Cada vez que marcan un ritmo sienten un nuevo respiro, hasta que se cansan de la batuta de un ser imaginario que dirige el cotarro. Entonces gritan No y se arrancan sus oropeles y gasas hasta quedar sus melodías desnudas, pero no paralizadas ante la duda.

Algunos estribillos pierden su sentido, pero ahora se aprecia el cuerpo libre y se escucha un nuevo timbre que hace que las melodías se refinen.

Ahora bailan desnudas, bajo la lluvia, la propia música que sale de sus entrañas, entendiendo que para ello son y están, al igual que para ellas el piano toca.

Pero todo tiene que volver a retornar, para ello, nuevas notas han de sonar destruyendo toda melodía que cobraba vida, hasta que vuelvan a sonar las mismas notas —algún día—.

VI.

Prado verde, esponjoso, como nubes a mis pies. Mis ojos ven los prados vaporosos, nube esponjosa, densa, por la que asoman varias cabezas. La bocina del barco alerta, el calor aprieta, el viento agita la revuelta maleza, consuela, la mariposa inocente vuela, el ruido del mar a casa me lleva de vuelta y las moradas amapolas con distraerme con su belleza no se conforman.

Pero mi entorno, todo lo que me rodea, con aire tan puro, llega un momento en el que lo dejo mudo. Solo escucho un leve susurro que asoma entre las cabezas. Diréis que solo son molinos, que como Quijote caí en delirios. El romper de las olas contra las rocas prevén la guerra. Las cabezas de los gigantes afilan sus colmillos. Yo me acerco con sigilo, para descubrir lo que ansío, voy a cuchillo.

IX.

La densa, pesada nube engulle todo lo que en su camino se opone. Ha empezado por el mar, dejando a los marineros, luego a los surferos, sin ver lo que tienen enfrente, como en pleno Londres. Luego ha devorado las montañas, dejando los árboles en posición perfecta de siniestro.

Los turistas la miran entristecidos, yéndose al más próximo restaurante, con sus sombrillas, con sus vidas. Yo mis ojos de ella no quito, ella me insulta, ganas de llorar me provoca, no por dolor de sus ladridos, sino por nostalgia. Nostalgia por todos los recuerdos perdidos, tiempo que jamás volverá a ser invertido, y yo tanto he perdido... Abrazos, actuación hacia malos tratos, respuestas a tantas preguntas —¿Por qué soy así ahora?— alguna que otra locura... Todo se lo ha tragado la nube, tenía hambre, sed de sangre.

X.

El cielo se viste de gala, tímido se quita el sostén entre las nubes, tan cohibido que de rojo se tiñen sus carrillos. Entonces sale de entre el mar, vestido de gala, adornado con las estrellas y como broche de oro: la luna lunera.

XII.

Es ardua tarea la de escribir —sentir— estas letras, pues no todo el mundo participa de lo que estas narran, mucho menos entiende el ojo no conocedor del sujeto que todo lo objetiva. Ante lo desconocido así es el hombre, mira de manera objetiva a lo ente, para después juzgarlo —con él— en su mente. Este juicio se expande como peste entre la gente —alienando— de igualdad llenando sus conciencias. Por eso, habitualmente, ando perdida, vago entre la muchedumbre mientras deliro si por sus cabezas pasa lo mismo que por la mía. Entonces es cuando me frustro porque otra manera de ser —que no sea yo— como se puede dar no asumo, mi imaginación no alcanza a resolver el asunto. Por otro lado, sé de forma segura que lo que yo siento no sienten las demás personas, esto me provoca penuria, porque a excepción de grupos, todas las vidas son un calco. Calco vacío, calco perdido, no sabe apreciar la belleza de la noche, la belleza de las letras, ni se percatan que del dueño son marionetas. Solo se atañen a lo palpable, a lo ente, sin tener en cuenta a su ser inaprensible.

Miro por mis prismáticos; solo veo lo que ante ellos se presenta, el mundo de fuera, donde el alrededor siento, pero no me daría cuenta de ello, o tendría mera importancia, si no fuera por el constante locutor que me narra los hechos. Es que querida, tú eres mi perro guía para moverme por esta realidad fría. Solo tú pones en relación mi pensamiento y actuación, mis ojos ven y tú me dices qué es qué. Al unísono de tu voz siento, al unísono de tu cantar tocan las palmas aquí fuera.

Donostia patria querida

Yo soy mi patria querida, lugar de recuerdo, desarraigo. No puedo evitar vagabundear entre la muchedumbre, entre los asfaltos repletos de pasos y pararme entre todos ellos para mirar el cielo. Lo observo con recelo y exclamo: "¡Este no es mi cielo, el que yo amo!" Este no me ha visto crecer, no conoce mi historia ni mis pocas glorias. Para el cielo que yo veo soy completa desconocida, una más entre todas estas almas vacías, con sus cuchicheos, botas, bolsas y risas insonoras. Para seguir la aceptación de la masa olvidan lo que más importa, lo que más se debe cuidar, eso que solamente tú conocerás, tu confidente, tu más íntima intimidad. Yo sé que no pertenezco ahí, yo pertenezco a mi patria, a mi mar y a mi playa, yo pertenezco a mi casa. Ahora para ella soy una completa extraña, desarraigo siento por mis entrañas, pero no por ello cogería en mano mis maletas y me daría la vuelta. No daría marcha atrás pues una nueva vida he llegado a crear, con ello, acercarme a mí todavía más.

Es verdad, amo mi patria y el ruido de las gaviotas confundiéndose con la risa de mis amigas, cualquier tarde, en el muelle, en cualquier esquina. El calor de las miradas de la ama, los besos puntiagudos del aita y la radio rota que tiene mi hermano por boca. Pero todo ello, a quien ya no soy ata, cada vez que vuelvo, todo el mundo de evocarla trata, pero como Dios, ya murió, es más, la maté yo. Pero queridos, bicho malo nunca muere, y es que hoy soy las cenizas de mi propio cadáver, pero no lloren, pues la asesina algún día también morirá, en otro entorno, en otra ciudad, otro cielo, otro mar.

XIII.

Y es que es verdad, es lo que el sistema obliga a labrar, lo que uno debe de hacer para encajar dentro del nominal "felicidad", y es que es verdad, muchos así felices serán. Pero yo, por mucho que lo intento, no puedo, me ahogan las conversaciones monologas, me estrangula el interés (aquel que no lleve pasión detrás de él), me achucha que no acepten que no quiera seguir la ola.

El agua que se estanca en mis pulmones me provoca ver a las personas como si solo fueran primates vestidos, como si todo fuera engaño, pero quizá soy yo el extraño. Igual soy yo el mono más tonto entre los más tontos monos, el más inadaptado entre los inadaptados. Pero qué le voy a hacer, dejar de vivir todavía no voy a poder. Seguiré bailando desnuda al son de mi brisa, regocijándome en el calor del abrasador sol que tienes por sonrisa.

XVI.

Noche de estrellas, dama bella cubre su torso con un mantón de seda.

Arropada por la luna, danzante, cascabelera, brilla gloriosa aunque las nubes la pongan dudosa.

Las dos se miran, se miman, confidentes de crimen, son las asesinas de cronos que antes había engullido a cupido.

Dama bella, cascabelera, sola tú, la luna y las estrellas, lo demás son solo pasos que siquiera resuenan.

Sola tú en un vals con el viento, vals violento, mordaz, lento, erótico, húmedo, sola tú con el viento.

Conversación con Josu

Todo al final se queda en recuerdo, cómo las miles de vivencias que salen de la boca del viejo. Todo queda en tiempo pasado, jamás retornado. Todo queda en sabor y olor, en el escozor de la lágrima ya deslizada por una amarga sonrisa.

Capa a capa cada cual su vereda labra, arrojado tierra de olvido sobre la mayoría de lo vivido. Yo de lo que he sido no me quiero olvidar, aunque de cierto modo no se pueda evitar. Con cada acción cumplida, con cada lección aprendida, uno se va situando en la vida siguiendo la estela de sus días.

XII.

¿Morirías por mí esta noche a la luz de la luna, a la luz de las farolas, con esta poca cordura?

¿Morirías bajo la luz de estas tenues farolas que han visto, vivido, tantos miles de historias?

Tantos miles de suspiros bajo los ojos de las paredes viejas, bajo estas enredaderas se ahogan las horas muertas, las risas inquietas y tantos dolores de cabeza.

Entre estos escalones se guardan miles de canciones, traiciones e historias de gente cualquiera. Historias de cualquiera, historias nuestras, ires y venires de las cabezas, nuestra vida esfumándose tras cada primavera.

Por eso, aquí moriría por ti, moriría por vosotras, vosotras que me lleváis en la piel, piel que nos cubre a todas, historias que se separan, pero al inicio, en estas escaleras, todas se reencuentran.

En lo alto del árbol

Otra vez, desde aquí arriba todo lo veo, desde el cielo hasta el asfalto seco. Mis lágrimas, mi deseo, mi aspiración a vuelo, todo queda pequeño visto desde esta copa de abeto.

No lloro porque de lejos no veo, ni porque no pueda distinguir tu rostro de entre las caras de la muchedumbre, lloro a mares porque todo lo que tú ves para mis ojos es en balde. La vista desde aquí arriba calma, consuela todos mis males, pues mis ojos en la generalidad se centran, dejando espacio en el escenario para actores secundarios.

Aquí arriba hay espacio para la vida que abajo no cabe entre el gentío y las prisas; siento y escucho lo que canta el viento que revolotea entre mi rizada y enredada cabellera. Mi olfato no deja espacio para el hedor de la melancolía, sólo huele el vals de las amarillas flores. La voz que resuena en mi cabeza no es de manos y pies encadenada a la rutina, es ella sola quien decide volar sin rumbo, sin destino concreto distraída por los fuegos provocados por tus besos que todavía siquiera han ardido.

Mariposas en el mar

Como dos mariposas revolotean entre la espuma de las olas.
Como dos mariposas, juguetonas, una tras la otra, entre el
estruendo que el mar provoca.
El mar es lugar de pez
¿Qué hacen dos mariposas saltando entre las olas
persiguiéndose mutuamente una tras la otra?
Mariposa marinera no te vayas tras el reflejo del faro,
permanece la eternidad a mi vera.

Mi habitación propia

Cuatro paredes, nada más, es lo que necesita una sola mujer para
crear, para verse no solo refleja en el cristal, sino en el papel,
donde sus lágrimas acaba de trazar, y de esta forma tramar su
eterna libertad.

XV.

¿Cómo expreso la totalidad si sólo fragmentos puedo
pronunciar?

XVIII.

Tengo una patria en mi corazón como astilla permanentemente enquistada.

Tengo una patria de la que fui refutada por como ella quería no amarla.

Tengo una patria a la que hace un tiempo dejé abandonada.

Tengo una patria donde de mí no es recordada ni de volver la ansia.

XX.

El tiempo es del humano el mayor asesino suelto, mientras, nosotros morimos, persiguiendo el delirio que sentencia al olvido el peso del tiempo creyéndonos nosotros los asesinos.

S.XXI

Entre maleza cortada hay almas derrotadas con ojos tristes y manos agotadas de sembrar y no recoger nada. Con sueños mudos e ilusiones sombrías vagan por donde antes la maleza vivía, sin rumbo ni sentido vagan noche y día.

XXIII.

Me veo como un río quien la desembocadura en la unidad que lo disuelve tiene como destino. Pero hasta llegar a ello se retuerce como serpiente, cae majestuoso por un acantilado, marca su corriente, entre seco y caudaloso deviene.

Me veo como río que se ahoga en sus propias aguas, quien por mucho que nada la corriente lo arrastra. Río que se pierde por sus torrentes, con tramos urbanizados, por una presa ahorcado. Río que no conoce el mar, cuando uno está el otro se va pese a que se llegan a entremezclar- pero que añora su sabor a sal.

XXV.

Resuenan por la calle pasos de caminos extraños bajo mis pies y mi techo.
Pasos efímeros, como yo, cada vez que soy, cada vez que respiro, cada vez que escribo.
Paso por la vida de cada paso como paso por los días de todos mis allegados.
Efímera como la brisa de primavera, como la espuma que cada ola acarrea.

XXVIII.

Estoy atada de pies y manos por extraños, aquellos que mi
medio crearon.
Soy prisionera, no sólo de occidente, sino de toda la tierra.
Estoy amordazada por las hienas que controlan mis
pensamientos por una voz que suena.
Estoy harta de ser esclava de la prisa, de las bolsas hasta arriba
y las falsas sonrisas.
Me deprimo al alzar la vista y darme cuenta de que soy la única
que mira hacia el horizonte.

Posible historia de mi vecina

Caen rosas sin espinas por un balcón de la calle Ronda a la
luz de las farolas,
¡Ojalá alumbrase la luna!
Las rosas sin espinas son las lágrimas que engulle mi vecina
por sus ojos, custodiados por unas impenetrables ojeras e
hinchados de color morado.
Vecina, no te tragues las espinas, cuida las flores de tu
jardín, que nadie se mee allí, escupe con rabia todas las espinas
sobre el rostro del monstruo que provoca tus lágrimas y esconde
tu sonrisa.
Tú sola brillas más que el sol, la luna y que todas las farolas
que esta calle alumbran.

XXX.

No quiero tu consoladora ceguera, quiero mirarle a los ojos a la verdad aunque esté tuerta.
Me escuecen los ojos de ser perseguidos por las luces que no descansan, sus prisas y ruidos.

La camiseta de Andrés

Dos cuerpos y una cabeza, no es un dragón ni una sirena.
Dos manos y dos piernas, cada una mira en una dirección opuesta.
Una cabeza para dos cuerpos, los dos responden a lo que una piensa.
Pensamientos completos, acciones en viceversa.
Polos de un imán tratándose de besar.

XXXIII.

Nos miramos fijamente ella y yo.
—Sus ojos borrosos, lluviosos, chinos y rotos. Distantes, fijos a cada instante—.
Segundos antes de la caída de la bomba de Hiroshima, tan conscientes de que vivimos los últimos segundos de nuestra vida libre que algo en las entrañas se estremece, nudo en la corbata, nudo en la garganta y la maleta preparada (para esperar su estallido con ansias y una sonrisa como metralla).

XXXV.

Se me eriza la piel en todo instante, el tiempo entre mi vello se contrae. Por mi piel el tiempo es absoluto: Nulo. Inconcebible, todo igual a nada, el sinsentido que hace de todo tan divino, tan seguido, un cero tan absoluto que es infinito.

Pobre humano quien a todo trata de darle sentido ¿Qué es el sentido fuera del lenguaje, fuera del mundo, sin nosotros? Pobres de nosotros que tanto sentimos, que vivimos, transcurrimos, que sentimos el fluir, la piel erizada, más en ello no hay ningún fin ¿La nada absoluta quizá sí?

XXXVI.

El cielo arde a lo lejos, entre tanto las nubes congelan —paralizan— globalizan el tiempo. Yo desde aquí arriba nada veo, ni hay nada que ver, más que mareas estancadas y lágrimas enlatadas.

XXXVII.

El valor de la soledad es que le inserta, injerta, inyecta a uno en la vida, mostrando el absoluto, el absurdo, lo nulo de los días, del mundo. Pero realmente, hoy ¿Quién está solo? no hablo de numérica compañía, sino de solo consigo, con uno conversación, dolor, intimidad, nada, el siglo XXI todo ha devorado. Nacemos zambullidos, ahogados en la cultura, en una lucha no elegida, no puedo respirar entre tanto símbolo, y ahora que Dios apenas palpita, nos hemos vuelto anfibios suicidas.

Delirios de mi interior

2019. Contenida dentro de mí

Cansancio

Estoy cansada. Cansada de la gente, de su forma de pensar paleolítica, de su hipocresía, de que todo el mundo se crea el centro de éste, del postureo, de los prejuicios, no solo de los que tiene la gente hacia mí, sino de los que tengo yo sobre mí misma.

Estoy cansada de querer llorar a mares y no poder, no soy capaz, no me sale. De querer gritarle al mundo y que no me dejen o no me escuchen. De no conocerme a mí misma, de querer encontrar mi sitio y de querer encajar como piezas de rompecabezas. Sobre todo, estoy cansada de no dejarme ser quien soy, porque no sé lo que soy, y aunque lo supiera y lo fuera, no encajaría dentro de ninguna de sus fronteras.

Incluso me he cansado de compartir lo que escribo. Al principio, me desahogaba completa, pero si soy tan sincera, se tornarán en contra mío estas mismas letras. Es complicado que me hagan daño, sé lo que tengo y lo que me pueden arrebatar de ello, pero lo que de veras ansío y quiero no me lo pueden robar, pues ni yo lo poseo.

Los caminos de la vida

Todos nacemos mirando hacia mil caminos, todos los que permite el entorno y el tiempo, a lo largo que se crece se va siguiendo uno concreto, que a cada paso se convierte en otros mil nuevos caminos. Cada uno va decidiendo cual es el correcto, o incluso a veces se escoge el moralmente incorrecto, pues realmente no existe lo malo ni lo bueno. A lo largo que pasa la vida, el corazón o la cabeza va guiando su ruta, aunque a veces se someta a lo que de fuera se deba. Yo no quiero que mi camino nadie más que yo marque, aunque esto no sea bien visto por nadie, parece que incluso es malo cometer fallos, caer en el barro y ahogarse en el llanto, eso es precisamente lo que a uno más le hace aprender a uno mismo ser, y su camino escoger. Yo quiero caer, tropezar y aprender, darme cuenta de qué es lo que realmente por mi nombre se reconoce y arreglar todos los fallos cometidos hasta entonces. Con los años uno se va fijando en nuevos aspectos, nuevas sensaciones que antes jamás había experimentado, yo por mi parte estos últimos días he descubierto una nueva faceta mía; me gustan las chicas.

Es que, parándome a pensar, nunca había dejado liberar mi atracción hacia los cuerpos, y no solo hacia estos, sino hacia la forma de pensar y amar de la persona. No sé si a alguien causaré incomodidad, tampoco le doy mucha importancia, la verdad, pero yo creo, que nuestra alma, o lo que a cada uno le hace ser como se llama, tiene diferentes de colores gamas. Colores y diferentes formas nos componen, y vamos buscando a la que a nosotros más se asemeja, sin importar el sexo, aunque la edad puede llegar a ser crucial. Hablando claro, las totalmente contrarias a las nuestras también nos pueden atraer como lo prohibido, el mal, o simplemente de mejor manera encajar, pero yo no soy nadie para quién está con quién juzgar.

Poseer

¿Nunca te has parado a pensar lo extraña que es la sensación de poseer?

Poseer la verdad: tener dentro de ti algo tan exacto que acierta con la realidad, aunque jamás se podrá confirmar.

Poseer tristeza: sentir una nube gris a punto de descargar dentro de ti.

Poseer un corazón: tener la capacidad de hacer a alguien feliz y simultáneamente hundir con solo un pestañeo.

Pero, sobre todo, poseerse a uno mismo: ser capaz de controlar tus propias acciones, sin que sean sometidas, sino así nacidas, yendo de acuerdo con tus emociones, tu cuerpo y moral de uno. Ser autosuficiente y llenarte a ti y no al de al lado, que te baste contigo mismo para ser feliz.

Qué bella utopía que hace que todo esto tan sencillo parezca. Depender de alguien nunca es bueno, pero todos lo hacemos, de manera más intensa o menos, pero siempre va a haber alguien que según lo que haga en uno de manera directa va a influir. Esa persona es capaz de llenarte de pura luz, energía, a la vez que es capaz de meterse dentro de ti e ir martirizando tu corazón y royendo tu interior, con total silencio y precisión.

Todo marca, todo cuenta

¿Y si somos el demonio de alguien mientras escapamos de los nuestros?
¿Y si somos la suerte de alguien mientras buscamos la nuestra imparables?
Todo marca, todo cuenta,
ahora mismo personas que serán claves en nuestra vida están condicionando su futuro de manera clave para que todos los mares se junten.
Cada paso cuenta para el marcador, cada lágrima derramada influye directamente a que el caudal del río se desborde, o previene la sequía.
Tantas cosas pasan mientras estamos de espaldas, que uno ya ha desactivado hasta la alarma, no como si nada pasara, sino porque yo no soy quien todo lo controla, aunque en muchos aspectos —no solo míos— influya.

2020. Enquistada como bala

II.

Un rayo me cruzó la espalda; milésimas de destrucción, vidas de dolor…

Un rayo me cruzó la espalda; no fue suerte, lo estaba esperando con el paraguas…

III.

El ojo de Júpiter dentro de él, se muere, no sabe de qué. Lo que comenzó siendo cráter, finalizó en agujero negro; llevándose con él hasta el tiempo.

IV.

Al huracán llamo a gritos para que me engulla y de mí me salve. Al hundirme en su adentro crea una ráfaga de aire fresco que bruscamente me devuelve el aliento.

IX.

Me pierdo en mí, no encuentro la salida, necesito ser mi propia guía sin ser auto perseguida.

XI.

Miento diciendo que no sé mentir.
Miento diciendo que no sé fingir.
Miento haciendo que no especulo.
Miento haciendo que no actúo.
Miento tanto que en mí me pierdo.
Miento tanto que creo que me entiendo.

XV.

Yo misma soy mi enemiga perversa e inderrocable. No dejaré que la calma entre en mí, no me dejaré ser feliz.

XXIII.

Sumisa de ella misma, esclava de su mente, salir de ello no puede —ni quiere, ni pretende—. Padece el síndrome de Estocolmo: se secuestró a ella misma y cree que está enamorada, que es feliz, sonríe y se ama.

XXXVIII.

Alzo la cabeza y miro a mi alrededor, lo veo todo gris, todo es gris. Todo es gris y yo soy una mentirosa: ni siquiera he alzado la cabeza.

XLVII.

Soy un tiburón encerrado en una pecera, noto como un niño por fuera la golpea, ojalá esta situación con mis ojos viera.

IL.

Soy la poeta que dedica la misma estrofa a todas sus musas
pero
a la vez soy la amante que daría su vida por el destello de una estrella.

Soy a la que se le llena la boca de delirante y barata palabrería
pero
también soy la cruel verdad que derribaría Roma sin pestañear.

Soy la vida y soy la muerte amor, pero no me pidas una media tinta, pues mi tintero esta negro y vacío, pero a la vez blanco y a rebosar.

LIII.

Mírame, amor, no soy nada más que futura ceniza, si me soplas me vuelo con la brisa.
Me moriré como todos, como nadie, cuando el recuerdo de mis cenizas se los lleve el aire.

LIX.

Me he vuelto delirio. Entre la gente ya no distingo —yo por si acaso miro y sonrió— pero ya casi que me extingo.

LX.

Me persigue mi reflejo, guadaña en mano, camino acelerado me pisa los pasos.

Me paro en seco.
Le miro.
Grita.

Solitaria rebota la guadaña contra el suelo, marca un ritmo que las campanas marcarán el día de mi despido.

LXI.

Me mira.   Cierra un ojo.   Carga el arma.
Aprieta suavemente el gatillo.   Dispara.
Una flor me golpea en el pecho.
Sus pétalos en mí se clavan.   Caigo al suelo.
Mi cuerpo se desangra.
Una sonrisa asoma en mi rostro.

LXVII.

Encerrada entre cuatro paredes   grito
        para que los pájaros que surcan el cielo azul se giren y
me miren. Pero los pájaros no paran, y mi grito solo es
contestado por un enfadado eco que repite lo que yo de manera
burlona. Y me hago tan pequeña como lo último hablado por el
eco,   Invisible: Inaudible.

LXVIII.

Soy una enredadera encerrada por una verja, me encadena, pero
no vivo sin ella.

IV.

Hay palabras que sin duda son fantásticas, pero mi favorita es
"arrebatar":
es una mezcla entre dolor y melancolía, es un acto de robar sin
fuerza, con picardía.

2021. Hundida en las tinieblas, al pie yo me até la piedra

I.

Dama de noche tiñe el ambiente en los lentos atardeceres.

Cuando el frío calienta, la muerte vestida de doncella en silencio acecha.

No iré contigo mi sirena, espera a que me arregle en la silla serena.

V.

No es el momento de salir a flote, es el momento de callar para que no se note.
Mi momento de salir llegará ¿Quién sabe lo que la vida me deparará?

VI.

Dos tormentas a la vez; lenta creación, inmensa destrucción.

Dos tormentas a la vez; la más catastrófica no la puedes ver.

Dos tormentas a la vez; he vuelto a sentir mi muerte, mi cuerpo sin aire otra vez.

VIII.

Entre nubes, rayos y tormentas una sonrisa aparenta tras la despedida de su última vida.

¿Aferrarse de qué le sirve?   todo va a acabar por irse

¿Qué le daría sentido a la muerte?   si fuese reversible.

Aunque el comienzo sea incierto el final nunca brilla ausento, la vida acomodada en su aposento terminará como lágrima en el desierto.

X.

Voy a vomitar el alma, me voy a vomitar a mí; "me" miro al espejo
—¿Quién es?—
"Me" toco la cara
—Ah, al parecer tengo este aspecto—
De verdad una putada, pues esta bonita cara no merece ser la locura personificada.

XIII.

Salí de mi alma dejándome en ella: el móvil, las llaves… hasta la cabeza.
Salí a todo correr para buscarme, me guardé tan bien que acabé sin encontrarme. Me perdí como aquel papel tan importante: mil veces lo he visto, donde lo dejé no se concretarte.

XVI.

Mis piernas tiemblan y el suelo no es estable, mis manos siembran y la tierra es impenetrable, mis ojos lloran y la lana encoge, mis manos te extrañan y nunca sentí tu roce.

XIX.

Mi rostro es reflejo: me muestra como libro abierto, sólo me falta saber leerlo.

Mis dos amigas las ojeras de la muerte hacen de doncellas, tan marcadas, tan cansadas, mi cuenta atrás alertan.

Mis dos perlas azabache hace tiempo que no visten de encaje para bailar como si fuese el último vals, ahora solo visten de luto, sin saber a qué le lamentan el sepulcro pero sin fuerza para mirar más allá del muro.

XXVI.

No escuches las falacias que se escapan por esta delirante boca, entre intentos de palabras que hace tiempo se sumieron en la locura.

XXVII.

Ángel de la guarda amarga compañía no suelta mi mano de noche ni de día.

Ángel de la guarda vete de mi vida que esta se irá al garete pero será mía.

XXVIII.

Y ahora que el dolor marchó una parte de mí junto a él marchitó.
Y ahora que el dolor desapareció siento en mi un gélido vacío interior.
Y ahora que el dolor es recuerdo a vivir sin el temo.

XXXI.

Llevo un paso alegre hacia mi propia muerte, a mi estela rostros dejo, ni los miro mientras me alejo, estos entre ellos murmuran; hacer que nada ven procuran.

XXXV.

Haré música de mi dolor, de mi gemido de escozor. Pues siempre fui adicta al sufrimiento, por ello apenas te guardo rencor, en mí siempre hallarás calor.

XXXVI.

La marea de la vida sube mientras yo me ahogo en el espeso mar de la muerte. Allí yacen todos los recuerdos olvidados de lo que fui y no volveré a ser. En calma en el flotaré dejando atrás la agonía del propio ser.

XXXVII.

La piel me llora susurrando:
Que calle a los grillos de mi cabeza.
Que mate a los cocodrilos de mi estómago.
Que apacigüe los incendios de mis pulmones.
Sin embargo, yo no le hago caso y sigo con mi vida.
Si eso, de vez en cuando, te lo cuento en estos versos mudos.
Pero tú, sonríes, giras la cabeza
y te olvidas:
De mis grillos, de mis cocodrilos, de mis incendios…
De mi existencia.

XXXIX.

Cuando la memoria se vuelve remordimiento y las sonrisas en tristes suspiros, me miro al espejo y una voz dentro de mí retumba con fuerza:
—¿Dónde estás? andas ausente.

LXI.

En lo alto del árbol me hallo. Desde aquí todo lo veo, lejos de la humanidad, casi rozando el cielo.

Desde aquí todo lo veo, tus miedos, mis temores... ¿Dónde está la alegría? No la veo desde aquí arriba.

Desde aquí arriba tus ojos llorosos veo cantando su despedida: ¡Oh, mi amor! Al alto árbol no te vayas todavía.

Desde aquí los sueños rotos rozo, con la yema de mis dedos la ilusión perdida palpo, esa que un día marchó volando.

XLIII.

Soy una extraña entre millones de caras. Rara, delirante y seria me ven los rostros, por ello una flecha en forma de mirada me clavan con desprecio.

No me esfuerzo para que me vean de otra manera. Quizá es que tampoco soy de otra forma. Pero antes de clavar la flecha, deberías de acercarte y conocer mis penas.

XLV.

Cierro los ojos y comienzo a hundirme en el silencio absoluto, poco a poco.
Primero mis cabellos, los cuales van flotando como tentáculos que me van ahogando.
Después mis orejas, prestan atención a mis pensamientos que en silencio gritan.
Seguidamente van mis ojos que ven una eterna oscuridad, sin luz al final.
Mis labios comienzan a rozar el agua, mil burbujas comienzan a alejarse de éstos.
Por último, mi nariz, que introduce en sí el último respiro, y con esto, del mundo me despido.

XLVIII.

Estoy jugando sola al juego de la botella, la giro, me miro y me beso.
La botella comienza a girar sin parar, y de pronto se para en seco, y señala sin escrúpulos a un nuevo jugador; la muerte.

Ésta y yo nos miramos fijamente a los ojos, y de pronto me agarra por el cuello y me besa con pasión.

Durante ese beso noto en mi estómago cómo crece vida en mí; florecen plantas, y a mí me veo crecer. Cuando separó sus labios de los míos, esa vida que crecía dentro de mí comienza a marchitar, se vuelve gris.

De pronto abro los ojos para verle el rostro y me veo refleja a mí, y cuando hago el amago de tocar, ya jamás vuelvo a existir.

L.

Te lo estoy diciendo todo, aunque mi voz no la escuches, aunque no me veas, aunque no me sientas.

Te canto serenatas todas las noches, pero no me sale la voz, pero tu huida me cortó las cuerdas, pero en verdad ni siquiera te tuve.

LII.

Deliro. Soy consciente de ello, de la insensatez de mis palabras, de mis gestos y miradas. Deliro de cordura que se vuelve incordura al ponerla al lado de tu falsa sabiduría.

LII.

Flores me he puesto en la tumba, he muerto, en tierra ha quedado mi locura.
Flores le ha puesto el cadáver a mi alma, ahora sin importarle nada un cuerpo solitario por la tierra vaga.
Flores de la tumba el cadáver ha incendiado con la colilla del último cigarro; mi alma al olvido ha sentenciado.

LV.

Cara desfigurada a través del cristal "bam bam bam" manos pequeñas golpean la pecera. Leve grito sale de mí —sácame de aquí— palma más grande al pequeño aleja, mientras un flash me ciega.

LVII.

No me traga la espina; la tengo atravesada en la garganta, y fíjate, no recuerdo yo haber comido pescado.
Pero ahí está la maldita espina, no deja pasar a la alegría, pero mira, tampoco a las penas.
Ahí está la espina; en medio como el jueves, no me deja sentir, no me deja vivir
¿pero qué le voy a hacer? ahora la espina es parte de mí.

LVIII.

Salgo corriendo de una sala llena de eco
—corro, corro, corro—
hasta que las piernas se me paran en seco.
Cuando esto pasa alzo la vista y veo frente mí un espejo:
en él me reflejo.
La persona de mi reflejo comienza a hablar, pero mi voz no cruza mi garganta, ni mis labios se ven sonar.
Me grita a susurros, yo no logro entenderle, por ello al reflejo cuidadosamente me acerco. De pronto este me gruñe:
"aparta, apestas a muerte".

LXIV.

Me miro al espejo y no veo mi reflejo. Solo una lágrima veloz corre sin rumbo consumiéndose a su rastro, parte de ella se queda en el camino. Nadie la para, nadie la recuerda, ni siquiera ella.

LXVI.

Como Saturno hizo con su hijo me devoro, mi mente devora mi cuerpo, alma y luz. Sus entrañas son negras y ruidosas, se le ve salida al túnel, pero no hay luz a su final; hay más oscuridad.

LXXI.

Recuerdo envuelto en hierba, memoria comida por enredadera, trepa reinando la madera ocho patas habitan en ella. Colores no brotan en primavera, oscuridad derrama su estela.

XII.

Resaltaba ella entre tantas flores, no se llamaba amapola, pero sí que me dijo que solo ella comprende la vida, siendo ella lo que le da sentido a la misma. Yo la agarré de la mano y le dije dame más, ahora me arrastra sin mirar atrás. Pero yo sola, no comprendo la vida, no, tampoco comprendo mi sentido en ella. Sé que respiro, que asimilo, pero no con qué objetivo, sé que ansío correr por el gentío y que mis pies poco a poco comiencen a elevarse para volar, siempre de su mano, alcanzando así la libertad. Aunque sea una libertad condicional, porque ella mirando siempre va a estar —Doncella afila su guadaña lista para con una mano agarrarte de la cara y darte el beso que sellará tu mañana—.

XVIII.

"¿Qué has hecho contigo? ¿Acaso te has comido?"
Preguntan vacilando, yo sonrío y sigo andando.

Sí. Me he comido, como Saturno hizo con su hijo. De un bocado me he devorado, y de acuerdo con mi aspecto desaliñado, mi sabor no fue el más afortunado, quizá me debería de haber salpimentado, pero el gusto a vacío nada lo hubiera quitado.

XIX.

Aquí me encuentro un año más, enfrente de la misma tarta sin ser capaz de soplar.

Aquí me encuentro un año más, sentada mirando hacia delante rodeada de los mismos fantasmas.

Aquí me encuentro un año más, quizá mi rostro no reconocerás, pero por dentro todo sigue igual, estancada ante la adversidad.

Un año no me encontraréis más, pues cada vez queda menos para que ella me venga a buscar.

2022. Cuadro abstracto al que no le quiero encontrar sentido

XIV.

Una gota rebota en mi nariz, sus iguales se deslizan por mi cuerpo, pero mi paso no ceso. Camino sin rumbo bajo la lluvia, sin abrigo ni nada que me cubra, mientras olas de personas pasan fugaces a mi lado con sus paraguas, prisas y vidas.
Yo sigo caminando sin paraguas, ni prisa ¿Y vida? La poseo, no la comprendo. No sé, no entiendo, tampoco sé si quiero, diría que se me ha olvidado vivir, pero no es así, solo me cuestiono el porqué de ello, mientras tanto mi paso no ceso, las gotas caen más fuerte sobre mi lamento:
acuchíllenme, tengo tiempo.
Otra cosa no, pero tiempo tengo, no entiendo para qué, pero lo poseo, aun así, sé que él es el captor de la libertad, pero míranos, enfermos en Estocolmo, nosotros lo creamos y ante él nos arrodillamos. Con manillas como hilo cosemos la vida, a las horas que marca el preciado reloj, en mis manos lo observo, quiero romperlo.
Quiero estrellarlo fuerte contra el suelo, pero amor, fuerza no tengo, la poca que me queda va a mis pies para seguir caminando del revés. No tengo fuerza para reír, ni para llorar, de alguna manera así no me puedo lamentar, pero las nubes cubren mi cuerpo y en forma de lluvia llora mi sentimiento.

XVII.

Si fuera Bebé
estaría todo el día llorando, berreando, mis males soltando y
auxilio llamando.

Si fuera Ave
estaría todo el día volando, surcando, mis males soltando y de la
vida escapando.

Si fuera Beso
estaría todo el día en tus labios impreso, mis males soltando y
rabias calmando.

Si fuera Fuego
estaría todo el día fluyendo, ardiendo, mis males soltando y
eternamente solitario.

Si fuera Helecho
estaría todo el día sintiendo llover, respirando, mis males
soltando y por esporas llorando.

Si fuera Verso
estaría todo el día sangrando tinta, mis males soltando y mi
cuerpo releyendo.

Si fuera... ¿y si Soy?
Soy el vacío tras cada uno de los versos.
Soy la vida en forma de lágrima a la que el helecho aspira.
Soy fuego fulminante, triste y solitario.
Soy la espera a tu melancólico beso.
Soy otoño viendo cómo las aves huyen de sí.
Soy la desesperación de un bebé por un seno del que beber.

Soy todo y nada
soy el conjunto de dolor, ansiosa traición, en la garganta nudo
y lágrima en el cajón que hay tras esta absurda canción.

XVIII.

Desde aquí arriba todo lo veo: veo cómo metamorfosean los gusanos, dejan atrás su pasada vida y salen vestidos con alas de seda de la vieja tela que cubría sus tejidos. Convertidos en mariposas surcan el ambiente y revolotean unas alrededor de otras, alegres e inconscientes de los tornados que crean con cada aleteo.

También observo paciente: las olas destruyen en forma de mar los castillos de arena que en su camino se cruzan, en espuma se deshacen ellas mismas, para dejarle paso a la siguiente edición, quien cree en destruir ser más veloz. Destructoras natas arrasan sueños, como abeja mueren por ello, quizá por su gloria, ego, o como tirita para el remordimiento.

De pronto un aullido me aturulla: es la bestia amansando a las fieras, también conocida como ley de naturaleza, sin ella las enredaderas nos subirían por la chepa y nos asfixiaríamos por la maleza. La bestia tiene que ser y será, pero no fue, debajo de los colmillos y la causa de mil escalofríos se encuentra la oveja negra del rebaño, cayó en un inmenso mar de dolor y rencor que de todo él se adueñó su yo más interior.

A lo lejos corretea un viajero con su maleta: de su ciudad natal se lleva sapos, arañas y culebras, por mucho que pesen y que de molestar no cesen, no tiene tiempo para deshacerse de ellas. Llega tarde, como el conejo de Alicia, aunque ya no mire ese viejo reloj sin pilas, para que no paren las piernas el corazón grita; ¡Qué se nos escapa el rumbo de nuestra vida!

Es así, desde aquí arriba todo lo veo, todo lo que mi vista alcanza y mi cabeza masca, dándome cuenta así que lo distinto en ti, en mí y los demás, es solamente la forma de interpretar y esto comunicar. Desde aquí arriba todo lo veo, pero me encuentro a la espalda de todo lo visto, yo sí que los veo, los siento y comprendo, lo hago en silencio, sin que se den cuenta de ello.

No te voy a mentir, aquí arriba sola me encuentro, ningún plumaje me arropa cuando huye el viento, solo le canto de vez en cuando a la luna mi lamento y cuando lo hago, ella brilla más en forma de consuelo. Aquí arriba mis pies cuelgan hacia el vacío, a veces vacilan con saltar sin mirar atrás, otras del impulso quieren volar, el caso es que tarde o temprano se van a precipitar.

XXII.

Día tras día me examino, me miro, me abro suspiro tras suspiro.
Me pregunto, me juzgo, de mí para mí, del yo no sé salir.
La vida fuera del yo no sé ver y no sé por qué no sé cómo debo actuar.
Pregunta tras pregunta se me ha olvidado reaccionar, se me ha olvidado valorar, fuera de mí yo no me sé relacionar.
He comprobado que de nada me sirve huir, del mundo escapar, pues el yo siempre me va a ir detrás.

XXIV.

Mi cuerpo baila con el viento un vals torpe y húmedo en medio de un gran salón blanco, a priori vacío.

Ninguna alma vaga por la sala sólo está mi cuerpo dentro de éste, un universo:

…

Mi cuerpo está marcado a fuego, son heridas penetradas por el tiempo, este no cicatriza, solo sigue el curso de la vida, no son marcas estéticas, pero sí bellas. La belleza es igual a la verdad, esto me deja afirmar que soy real, aquí estoy, existo, y mis heridas viajan conmigo.

Mi cuerpo cae como hoja en otoño, a la vez resurge como flor en primavera, da hogar y refugio a la alegría y al llanto abrazándome cuando yo me falto. A veces lo odio, pero no juzgo sus vaivenes, al fin y al cabo, sola con mi cuerpo vi la luz, sola con él seré cegada por ella.

Mi cuerpo sin frío tirita, las entrañas quieren verse en el papel, pero mis manos tiemblan, sienten, explotan, pero no brotan; las palabras no fluyen, los sentidos las diluyen.

Mi cuerpo es abstracto, con el viento fluye y palpita, pero no es lo que en las mentes brilla; soy recuerdo de lo que fui, pero no seré copia perfecta, mi cuerpo es abstracto e interpretado.

Mi cuerpo es un templo, por él pasan peregrinos; ellos siempre tan curiosos, fugaces no aprecian la belleza. Con su visita prestan un obsequio, muestran sus perlas orgullosos y prosiguen su camino satisfechos.

Mi cuerpo sufre y se paraliza, no resiste la tentación de la ceniza, por magnetismo al vacío se acerca —la curiosidad no surge pero sí se asoma— es un vacío por nadie visto, sí sentido; sopla frío que cala los huesos, una vez mojadas las alas del inmóvil salto no salvan.

XXV.

Pincel nace sobre lienzo, estampando sobre su piel trazadas irreversibles, por mucho que por encima otra vez pinte.

Pensando no ser pincel he vivido siempre, dando trazos de arriba a abajo, de lado a lado.

Ahora que el lienzo de mi vida observo, ni un trazo firme distingo, por mucho que intento, dar pinceladas sin rumbo es mi verdadero destino.

XXIX.

No sé si soy poeta
no sé qué transmiten mis letras, surgen de mí, sé lo que cuentan, pero no sé si son verdaderas.

No son bellas, son crueles y expresan, eso me hace no ser poeta. Pero a la vez mis letras transmiten belleza, la que surge por mis venas.

¿Qué es la belleza?
Eso tan inalcanzable en sí en este planeta. Yo quiero conocerla, pero ella los ojos me quema, los ojos me arderán, pero el dolor tengo que sobrepasar.
Al final de la escalera ella estará; la única y entera: la dama en sí bella,
entonces me acercaré y suavemente sus labios rozaré, entonces, y sólo entonces
si soy o no soy poeta sabré.

O eso creo, la belleza es complicada porque amor, ¿y si soy poeta? no sabré apreciar la belleza, solo la crearé sin certeza, eso me aterra:
¿Cómo vivir siendo su madre sin conocerla?

XL.

Dentro de mí, de mi mente,
no calla, no para.
Ellos me aseguraron que es mi conciencia,
pero no para, no calla.
Recordar qué grita no soy capaz, tampoco la puedo callar.
A veces se escapa   por mis labios, mi boca.
Resuena fuerte en la sala donde solo estoy yo
                              —o eso me dicen—
Pero me pongo a contar: está mi cuerpo, voz y alma,
                              ah y el miedo.
Faltan las ganas; rechazaron la invitación. En su lugar está la botella de lágrimas.
Perdón, de ron.

XLVI.

¡Eh! cuidado, que este cadáver todavía respira,
que esta alma perdida parece que vaga, pero camina.

LVI.

Navego en un barco a la deriva, muchos me dijeron que con apenas un suspiro en la mar se hundiría.
Pero aquí sigo, en mi cascarón de nuez, desde aquel día no he vuelto a ver a mis marineros ni una sola vez.
Con mi bandera de pirata bebiendo ron navego, con mil y un agujeros en el casco conquistando no solo tierras dicen que me vieron.

LXII.

Colecciono días, momentos, sensaciones, desde que vi la luz.
Mi colección en nada se distingue a la tuya, solo es gris, y como los cromos infinidad de días tengo repetidos.

LXV.

Entre la gente me escabullo, en mi cabeza solo se escucha aturullo, una vez más huyo.
Realmente no me veo futuro, solo noto la presencia del sepulcro, mientras en un mar denso me hundo.

LXX.

Sabueso de mirada triste, minino de una única vida, coge el cuchillo y pela la manzana prohibida.
Junto con flores la lleva a la tumba del suicida con una irónica sonrisa, a su paso grita:
—Caprichosa vida, ¡hay que ver! con qué entusiasmo sentenciaron mi nombre en la fría lápida—.

LXXII.

Conversación conmigo misma:

14´44 saliendo de casa
no llegas
ya solo falta que no arranque,
evidentemente no lo hace,
tres patadas al pedal: 14´48
cuidado con el musgo, no llegas, esto pasa por pararse a
conversar con alguien que siempre contigo está
¿Crees que estoy loca?
de veras lo creo
o igual los demás también charlan como tú y yo lo hacemos.
Conjunta con nuestro narcisismo esto de pensar que somos los
únicos que lo vivimos, sentimos y oímos esto que pasa entre
nosotros.
De veras te amo
y te odio y no te aguanto, a veces te cogía así a escondidas, como
ahora distraída, tanto que contra el coche siguiente me estampo,
mi cuerpo sale volando y yo No me callo, los ojos ven, sienten
la muerte, pero miran al frente.
Cállate ya subconsciente
14´52 en el reloj
si aceleras llegamos
deja de pensar chorradas y sé consciente; desactiva el automático
que llevas cuando no sientes, *ese que hace las cosas por deber y*
no piensa en lo que va a hacer.
Buf qué asco, me he sentido una oveja más del rebaño, una
herramienta más del proceso productivo al cual le llamamos
destino

¡Qué te calles he dicho! dejas que nuestras manos hagan su trabajo mientras tú parlas en vano que no llegan a ningún lado.
Mírate tus pies van andando
<u>14`54 en el móvil</u>
a lo tonto he llegado.

VIII.

Suicida prometiendo su vida se fue con la brisa de otoño, por las hojas arrastrado entre espejismos de un amor de verano.
Entre hojas y espinas de rosas, delirando con la octava vida de otro minino suicida, la primera y última lágrima se escapó entre melancólicas sonrisas.

2023. El lienzo en blanco de un artista bloqueado

Enmimismada

Cuando me despierto mis ojos revisan cuidadosos cada esquina del cuarto en el que me hallo, no me surge maligno genio ni engaño; estoy Yo sola en mi cuarto, sola yo conmigo, en voz me hablo como hace tantos años.

En todo este tiempo, mi voz he tratado de callar, censurar, pero ahora al espejo me miro para verme sola, conmigo, de mi mundo soy el ombligo;
a veces a mí misma me persigo, otras, para estar sola me escondo con sigilo.

Lo admito, hubo una vez en la que me hubiese robado, pero ¿cómo arrebatar algo perdido, extraviado?

VI.

Últimamente solo comparto silencios, silencios parlantes con los ojos.

VIII.

Dan las doce y ya extraño tu roce,
da la una y busco consuelo en la luna,
pasan y pasan las horas y yo no entro en cordura.

A mí misma

De veras estoy enamorada de ti, de mí, de tú y yo, de nuestra continua conversación, nuestro temor conjunto, de nuestras riñas, amor y traición.

No necesito más que nuestra soledad:
Cuando se anula el ruido exterior, —el estruendo de la ciudad, la gente al pasar o los pájaros con su piar— mis oídos nos escuchan a nosotros nada más. Entonces nos empezamos a preguntar por qué presto atención al ruido de mi caminar y si los demás también lo harán y con ellos mismos o con el de al lado lo juzgarán.

No me sienta mal, por eso me enamoras, pero me traicionas: como el reflejo en el que se ahogó Narciso me haces creer que todos ven, sienten y comprenden como tú y yo lo hacemos, —por eso mismo te quiero— pero el centro de todo me creo, y lo soy, pero de mi vida, no de todo el que me mira. Pero como el mismo Narciso, en mi reflejo me hundo, me ahogo, y de allí jamás salgo.

Nuestro amor es como una camisa de fuerza, que siempre nos abraza, no nos suelta, el doble sentido de que de uno mismo la camisa no te suelta.

X.

Cada letra me envuelve en sus brazos, cálido, reconfortante, glorioso, de esperanza alimenta mi torso.
Cada letra que grabo en mi corazón produce desgarro, pues es diamante enquistado.
Cada letra que cobra vida al ser recitada, llorada, sentida, le da sentido a mi vida.

XVI.

Agarro las dos paredes —duras, que me estrangulan y a la vez reconfortan como el calor de casa— sin mucha fuerza muscular, pero con persistencia de lucha asomo un solo ojo al sol. A pesar de arder por su calor y congelarme a dolor saco la cabeza al exterior.

Para volver a nacer
para como todos,
como nadie, empezar a vivir.

Ahora es cuando empiezo a labrar mi camino en vez de seguir el sendero. Vivir y no solamente existir trata de con mis manos crear, diciéndole que no a la corriente que arrastra a los demás existentes.

Las aguas bravas que sumergen sin esperar ningún otro precedente marcan el supuesto límite vital, límite que con el propio ser acabará, a menos que contra corriente se sepa nadar, para la tierra firme alcanzar y allí los propios límites además de valores propios se comenzarán a marcar.

Volviendo a nacer,
como todos, como nadie,
para no solo vivir
sino que en la vereda de uno
persistir.

XIX.

Si me preguntas cuántas vidas de mis siete llevo perdidas, te diré que no me atrevo a contarlas todavía. Como Emily, en vida llevo varias muertes seguidas, pero somos mininas, incluso puedo llegar a afirmar que la doncella de velo negro no es sentida al momento.

Uno se percata de la huida de su anterior vida al recobrar un suspiro de aire fresco, sintiendo-se, literalmente, nuevo. Una nueva vida tras una desgarradora muerte. Desarraigo de vida, a la que volví un día, pero ya no era mía, siquiera existía.

Un gato arrabalero se ha mudado de nuevo, a una nueva calle, a una nueva avenida, donde a lo ente, donde a la gente, nada le vale lo hecho hasta entonces. De cero: buscar un nuevo contenedor con sobras decentes en las que escarbar; buscar una nueva alma inocente a la que cariño suplicar, para luego con garras arañar y su lealtad traicionar…

Pero siempre queda la ceniza, el ser, la esencia, de la pasada vida. Sabe cómo arreglárselas para conquistar a la minina más diva, más cotizada, más escurridiza, de la nueva ciudad.

XXI.

Una sutil pero pesada brisa que se coló por mi sonrisa, el día que respiré vida, hoy es mi confidente más íntima, aunque su mudez no le impide darme la turra, tampoco contarme las cosas más puras. Hoy, yo soy brisa, y es que sin ella yo no sería Mireia, tampoco estaría cargada de Mi vida, vida que los demás seres admiran. Yo por mucho que me veo, miro al reflejo del espejo, y al pensar, su —mi— mensaje no comprendo.

Yo, mi ser, mi historia recuerda, pero no de cómo fue ella, dejándome —nos— sin respuesta a la cuestión de qué es lo constante que guarda y qué lo que sin parar cambia. Yo sé que he sido, y que ahora soy, sin embargo, no es así para todo mi alrededor; tantos modos han pasado por mi ente, que no soy la misma para toda la gente. Misma ambición, mismo rostro y misma sequía de lágrimas, pero, sobre todo; mismo ir y venir, mismo devenir, que me hace odiar, pero a la vez amar a aquella que fui algún día. A veces miro mis antiguas fotografías, sí, me reconozco a mí misma, también te reconozco a ti, amada mía, tú conmigo sales en todas, querida, aunque no se te vea a la vista. Al mirarme —nos— a los ojos en cada foto, me viene el claro recuerdo de lo que éramos en aquel momento; nos hemos odiado, nos hemos amado, nos hemos castigado y nos hemos curado, en todas ellas tu susurro siempre pegado a mi oreja haciéndome hacer lo que tú quieras. Por ti he mentido, por ti he dolido, pero sigo sin entender qué he sido, cuando pienso en mis recuerdos, todas mis meteduras de pata observo, pero no entiendo, cómo me permitiste, cómo me empujaste, a meterme en tales jaleos.

XXVII.

Cuando me cantas te siento cerca, pero el eco de tu jerga a la vez de mí te aleja. Siento que estás pegada a mi espalda y que mi cuello no llega a divisar tu mirada, pero tu aliento pone mi piel en punta. Tú desde ahí, pegada a mí, unida a mí, reinas sin premia, manejas sin darme cuenta con tu afilada lengua.

XXXI.

Miedo siento
temeraria pero atemorizada, temeraria para todo aquello que no debo, atemorizada por las ovejas más mansas.
Miedo por las masas
terror a quien marca la marcha, ante la primera oveja que sigue al perro mi ser se esconde, se refugia, entre mis adentros. Se refugia entre mis entrañas escurriéndose por mi garganta, así cuando abro la boca por ella ni mera palabra se asoma.
Me quedo callada
amor, tú callas por temor, porque una vez fuiste aplastada por quien la opinión maneja.
El poder de la masa
en quien en ese entorno más lazos guarda, yo ante ella trago saliva, palabra, pudiendo oler el hedor de mi miedo desde el exterior. Mi ser tiembla ante los que llevan correa, huye hacia todo aquel que no sigue la regla, hacia todo aquel que la regla lo deja fuera, aunque todavía, asomarse le cuesta.
Siento miedo y no sé por qué
si solo conmigo va a poder aquel que mi corazón —mi ser— pueda —ose a— poseer.

Este de alguien ya fue y ya dolió, por él también se reconstruyó y ahora exclusivo, solo se entrega en forma de delirio. Pero teme, no por pertenecer, sino por el mero complejo de verse empequeñecer. Soy el molino que teme al Quijote simplemente por no ser reflejo del de enfrente.

Sobre el buen tiempo, pero no hablo de ello

El sol pega en la espalda y yo me retuerzo como lagarta, notando cómo los bellos se alzan y a la piel, aunque le quema, le encanta. El calor abrasador que deja rastro de sudor en principio arrastra al buen humor, luego tira de la soga, ahoga, mientras todos corren hacia la sombra, yo tostándome me quedo, masoca.

XXXIII.

Los cordones de mis zapatos bailan al ritmo, lo marcan con sigilo, de mi corazón herido. Mis pies se tropiezan con el gentío, con la mirada los acribillo, pero sé que la torpe he sido yo. Sé que la culpa de mi inadaptación la tengo yo, de no saber cómo articular la emoción interior, de no saber sonreírte como lo haría otra gente. Me enredo con mis piernas, me enredo con la vida, caigo ante ella de rodillas, hay momentos, hay días en los que siquiera puedo alzar la vista. Lo más seguro es que un día me ahogue en mí, me quede sin aire, desde entonces mi cabeza no funciona como antes.

Ahora miro a toda esa gente, con prisas, preocupados por la humana vida, volcados en el día a día, quizá con sueños a futuro, pero todo hacia el palpable mundo. Yo los miro, en muy raras ocasiones me maravillo, como con la chica nerviosa que veo en el metro siempre a la misma hora. No, casi nadie es como ella, todos tendrán dolores de cabeza, pero nada que vaya a más del sistema en el que están y ni se enteran. Siempre los he mirado con recelo, como si quisiera ser parte de ellos, pero por mucho que lo haya intentado, querida no puedo, no podemos. No puedo ver todo lo que es el dinero, la bolsa, los bienes materiales y lujos, pues en verdad nada valen, todo ello es simple invento, es una manera en la que nos hemos adaptado a la vida, porque algo tenemos que hacer mientras se viva. Una forma de malgastar nuestro tiempo, porque siempre nos han mentido con que en algo debemos de invertirlo, en trabajar, ahorrar, una casa hipotecada comprar y una familia cuidar.

XXXV.

El ambiente huele a romero y dama de noche,
incita al derroche,
pero a mí no me quedan fuerzas para el reproche, solo quiero dormir noche y día para no tener que enfrentarme a la vida.
Me he olvidado de cómo sonreía, de cómo sentía, de cómo se vivía, ya no sé el sentido del respirar, del caminar, del hablar, de amar.
Miro el reflejo del espejo
"me" veo
pero no entiendo, este cuerpo, estas manos, este pelo, me veo como un extraño, como un extraterrestre camuflado. No me veo físicamente a los demás distinta, pero no sé cómo gesticular, articular, así me encuentro encorvada, incómoda, tensa, esquivando miradas de flecha, queriendo llorar aunque no sepa.

"Aparta, apestas a muerto"

Hubo un día que de mí corrí, corrí tanto, que de cruces me di contra el espejo en el reflejo había un esqueleto que me gruñó "aparta, apestas a muerto".

Y es verdad, apesto, estoy podrida por dentro.

Hace tiempo morí, mis restos se pudren dentro de mí, darme la paz y el descanso que merezco intento, de verdad que me quiero, pero me chantajeo, no me dejo, me pudro en el tintero. El cadáver en los pulmones, en el corazón me pesa, lo arrastro como en los pies cadenas, por eso querida, no puedo enterrarme todavía.

Guerra civil

Me hiela la sangre, me tiemblan las piernas, mis labios rajados palabra no sueltan. Tras el pulmón el corazón se oculta, se refugia, y todo mi cuerpo baila su propia rumba.

Soy mi amante e inderrocable enemiga; cuerpo y alma juntas no vacilan.
Guerra civil dentro de mí, bala se dispara por mi boca a la vez que a mis uñas provocan.

Amante y enemiga
sin cada ataque, cada trinchera, no tengo vida.

XXXVIII.

Colócate en frente mía; mírame a la cara, querida, solo soy ruina que no sé ni cuándo, ni cómo, ni por quién fue destruida, yo solo soy pedazos de cuarzo y de mármol, solo soy el estrago que causa el roce de tus labios, yo solo sé que no sé querida, yo solo sé que así es mi vida: como la última lágrima del minino suicida.

XL.

Me observa ella esta noche en vela, densa, corpulenta.
No me quita ojo, ni es tímida ni mira de reojo.
Ella me mira como si se le escapase una sonrisa no fingida.

XLII.

¡Ay Dolores! La vida es solo un cuento que hay que vivir en el momento, donde el narrador eres tú y el protagonista otra vez tú. El narrador que se acomoda en tu cabeza, y hace que solo le prestes atención a ella, aunque se escuchen los gritos de allí fuera, relata la selección de hechos que el cuerpo viva, añadiendo el efecto especial del sentimiento y el juicio.

El problema viene cuando ¡Ay Dolores! te quedas sin nada que contarte, el exterior, por mucho que reluzca su esplendor, ya no te llama la atención. Empiezas a rebuscar en el interior, llamando al delirio, despidiendo a la cordura. Sin previa bocanada de aire, te sumerges en el denso mar de tu ser, buceas, aguantas la apnea, pero oxígeno necesitas, te mareas, y finalmente, en ti estás perdida. Como si un alud te hubiera tragado, no sabes si estás de pies o boca abajo, o si al entre la nieve escarbar a la luz finalmente vas a llegar.

XLV.

Siempre que sueño la playa, ésta está vacía, como yo, es solitaria. Sus arenas son blancas y las olas rompen sonoras, aunque la mar esté en calma, todo el esplendor de su canto hace eco en mi tímpano.

Pero no lo escucho, al igual que tampoco le presto atención al ardor de la arena, tan blanca y tan fina como la seda, pues mi cabeza solo se centra en el canto de mis letras, que todas ellas se concentran no a mi elección, ni en la de un cualquiera, sino en la de mi ser, quien realmente yo debo ser, y allí sí, en mi playa idílica en la que pasaría el resto de mis días, soy yo acorde con mi voz, soy yo quien soy.

Pero todo esto es mero sueño que solo luce siempre que sueño las playas, pues cuando en la tierra se posan mis patas, sin saber muy bien cómo situarse ante esta nueva batalla patosean entre la muchedumbre ¡Ojalá por la playa!

IL.

La brusquedad de las olas no me distrae, no me aturulla, escucho su ruido, su grito de lejos, como si no fuera conmigo, pero en verdad, soy yo el primer engullido.

Su estruendo lejos pero cerca, su destrucción previsible, entre las revueltas de arena y la espuma que adorna sus cabezas. El mar es destructor nato, en forma de ola continuamente manda soldados, pero yo no me espanto, pues no añoro nada de lo arrebatado, solo en cada soldado me sumerjo, haciendo que no tengo nada que ver con el resto.

L.

Es extraño como todos somos tan diminutos, pequeñas hormigas sobre la faz, que con sus patitas de un lado para otro causan estrago, como si corretean sobre la piel de cualquiera que pretende aniquilarlas.

Es extraño como nuestra miniatura es ignorada por nuestra imaginaria grandeza que no nos deja ver más allá de lo que nos permitimos ver. Dentro de esa visión lo más grande es el propio "yo", pero dentro de éste, yo me sigo sintiendo diminuta, absurda, muda y tonta en cuanto se refiere a todo lo que me rodea a mí y a mis letras.

Anhelo de afecto

Tengo muchísimas ganas de llorar y solo me sale como gata ronronear. La melancolía que asciende por mi garganta se entremezcla con la necesidad de un abrazo por la espalda y la presencia de unas yemas cualesquiera paseando por las entrañas de mis cabelleras. Pero nada de esto pasa, tan solo estoy tirada en la cama hecha bola, arrugada, más minúscula de lo que nunca pensaba.

LIV.

Mis labios están rajados, pero no de frío, aunque la sensación se dé un parecido. Mis labios están llenos de rajas, pero no porque te hayas ido, ni siquiera has venido, aun así ya siento tu vacío. Mis labios se han rajado y yo soy la única autora del delito, soy yo la que se arranca capa a capa hasta perder —me— el sentido.

LVII.

Hace tiempo que el reloj se quedó sin cuerda, como el conejo de Alicia llego tarde a cualquier parte, aunque allí nadie me espera.

Con el reloj roto y el alma en vilo, la cuerda que al tiempo me encadena en mi cuello cada vez más aprieta, como el campesino con su regadío al ver que la lluvia hoy tampoco vino.

La soga del tiempo aprieta, pero no ahoga, mi cuerpo apenas sin aire en delirio atemporal cae.

Desarraigada

Arranqué de cuajo mis raíces, aquellas que yacían podridas entre la maleza del monte Ulía. Por si algún día quiero regresar voy dejando migajas a mi rastro con olor a recuerdos de mi pasado, recuerdos que yo jamás volveré a saborear.

Ahora vuelvo sin raíces, parece que las perdí en la mudanza o que me las quitaron en la aduana, pero por el tiempo y la distancia es que fueron sepultadas.

Sin raíces, no sé dónde estoy, ni de dónde vine.
Aunque el calor de mi hogar, las calles todavía sin asfaltar y la ardilla de nuestro nogal a lo que era me hagan regresar, cuando vuelvo a cruzar miradas con gente que parte de mí formaba ya no puedo ser lo que recordaban, ni yo sé acerca de lo que de mi trata.

He jugado con el destino y me he perdido en el mar, no sin antes haberme deseado precipitar, y ahora añoro, no solo mi ciudad sino el calor del hoy frío hogar, lo que fueron esas cenizas de viva amistad, incluso adentrarme en la normalidad.

Ahora sin raíces y agotada, llego a mi patria y deambulo sola por las calles abarrotadas, llenas de turistas y risas sonoras.

LX.

Tengo una patria en mi corazón como astilla permanentemente enquistada.

Tengo una patria de la que fui refutada por como ella quería no amarla.

Tengo una patria que hace un tiempo la dejé abandonada.

Tengo una patria donde de mí no es recordada ni de volver la ansia.

LXIII.

A veces solamente quiero gritarme, con las uñas la piel de abajo a arriba rasgar, arrancar y arañar, para ver si dentro de mí hay algo más.

A veces solamente quiero echar a llorar ahogándome en mis lágrimas y fluidos, atiborrarme a recuerdos agrios para encontrarle explicación a mi dolor.

A veces solamente quiero huir, volar, caminar tan rápido que de mi espalda broten alas para dejarme atrás a mí y a los demás.

LXIV.

Es el nogal en mi jardín plantado quien representa en estas tierras mi cultivado arraigo. Por las ramas que me han visto pasar de poder ser a ser algo totalmente distinto hoy corretean ardillas que desconfiadas me miran mientras en su boca almacenan comida. Ellas a lo lejos ven lo que soy, peligrosa a la par que inofensiva, atónita, perpleja y sombría, a la vez que menos dicharachera que hace apenas unos días.

La vereda de LLanes

"Cada uno hace su propio camino".
Como dicen las letras del poeta me recitó el viejo marino quien surcando el mar construye su vereda.
Mi camino por el mundo fluye como la vida, como el mar, sin saber todavía su rumbo ni a dónde cada paso le va a deparar.
A veces tropiezo y caigo, a veces solamente giro sobre mi cuerpo, me desubico o me canso, pero como el camino es mío, no me doy por perdido.
Mi camino es solitario y mudo, fluye en mi interior, es mi mar, separado como gotas de diluvio, pero siempre preservando su unidad.
No me percataba de mis huellas hasta llegar al viejo marinero de Llanes, y por el pueblo posar mis huellas perdiendo y encontrándome por los versos de sus calles.

El espejo del ascensor

Otra vez, me miro en el espejo, no me veo, aunque mis ojos queden obsoletos al verse pequeños, apagados, como regocijados bajo mis párpados en el reflejo cuya imagen reproduce mi cabeza, pero apenas tengo interés en verla.

Me mira el espejo, yo estoy plantada como espantapájaros en el campo, absorta, en mis mundos me hallo, verdaderamente como soy en directo; encapsulada en mis adentros, absorta, por mudos pensamientos sin tener en cuenta el siguiente movimiento.

LXIX.

No sé qué quiero encontrar por las tinieblas, ni qué pretendo con cada una de mis letras, pero ambas nacen de mis enredadas entrañas.

Yo no soy dual ni dependo de por dónde me quieras mirar, yo soy toda una y para comprenderme entera debo de verme.

Me siento como la luna, sin poder contemplarme entera sin que una parte de mí por la otra quede ciega, a la vez que cada uno ve la que quiere de mis facetas.

Solo yo sé que soy una, entera, aunque esté rota como vidrio en la acera, aunque no pueda ver cada una de mis piezas.

Solo yo tengo la certeza de que soy, qué seré no lo sé, solo sé que mis pedazos de hoy al mañana van a pertenecer. Y que todavía seré, porque mis entrañas van a ser las mismas, hoy y mañana, hasta que la muerte entre en trama.

LXX.

Angustia, angustia muda asciende por mi garganta, no canta ni llora; es angustia pura, no se transforma como lobo cantándole a la luna.

Angustia inmóvil, como piedra anclada al fondo del río, siquiera su corriente puede arrastrarla con sigilo.

Angustia que no suelta mi mano, como niño no me persigue, me acompaña a todos lados, apretando fuerte, haciéndose presente, no por miedo a perderse.

Mi noche soleada

Esta madrugada quiero tumbarme bajo el sol en mi toalla para admirar el calor de la galaxia que yace en mi interior, aquello que solo a mis ojos
¿Puedo ser yo?

LXXII.

Estoy pariendo mi dolor, no tengo fuerza en las manos, torso ni piernas.

Bombardean mi cabeza, y yo sin anestesia, no le doy importancia, como si no me incumbiera.

Mi cuerpo está muerto, mi cabeza está naciendo, el reloj de arena continúa cayendo.

Mal de amor de un niño

Quiero derramar lágrimas de cocodrilo al ver marchitas mis flores bajo tu portal.

Ante el espejo

Ahí está mi reflejo y no solo veo mis huesos, veo mi vida, mis lloros y lamentos inscritos sobre mi cara, en mi mirada rasgada como este espejo; rota, rajada.

LXXV.

Soy la negación parcial de mi finitud tratando de ver ciegamente lo que se encuentra tras la luz, como si siendo así de diminuta en mi cupiera aquello infinito por naturaleza, como si yo sola pudiera engullirla toda.

LXXVI.

A cada paso que doy me desmembro, y mis manos no son hábiles como las de mi abuela para coser mis rotos, para remendar mis penas.

A cada paso que doy dejo un cabo suelto, y mis pies no son firmes como los de mi abuelo para evitar elevarme del suelo, para frenar mi vuelo.

No son mosquitos

Mírame, estoy llena de cráteres, desastres naturales, manchas, cicatrices; desmadres. Son el rastro de la guerra que mi cabeza le declaró a la tierra para defender la potestad sobre mí; Mireia.

Araño mi cuerpo con mis garras, muero de hambre por mi propia boca, me secuestro a mí misma para terminar en Estocolmo escondida de pasos y risas, recluida de mi vida.

LXXVIII.

Mi soledad no está poblada, ni compartida con palabras,
no es silenciosa, ni a voces calla.
Mi soledad no es desierta, a veces la encuentro seca, otras, es
caudalosa como ella sola.

Un vacío desordenado tengo como base de mis años, base que se tambalea con la brisa de verano, base firme ante la ventisca temible.

Mi soledad es lo más cercano a mí, la siento tan cerca, que sobre mis pupilas su sonrisa no veo refleja.

Mi soledad me abraza, me hiela y me abrasa, es mi nómada casa.

LXXIX.

Una presa rota, una catarata que desborda, arraso sin percato, límites destrozados, divago por una calle, repleta de ruido y pasos
¿Es que solo yo intuyo mi fracaso?

LXXXI.

La enredadera espinosa se amarra firme sobre mi cuello con sigilo.
Tanto tiempo echando raíces sobre el cemento que ya soy estaño vivo, siento la acera como mi hogar y el mundo como un más allá, un nunca jamás.

LXXXII.

Rizo caído y retorcido sobre un rostro pálido inundado de ojeras tan hondas como las penas que las provocan.

En mi cara, en mi cuerpo, en mí, veo un pozo, un pozo tan hondo que llega hasta el infierno, un pozo seco, vacío, sin fondo.

Un agujero en la tierra, nada más, yo paseando entre la gente, como sin más,
como sin más las piernas se me cruzaran y se me olvidase andar, pues,
¿cómo es posible que un pozo sepa caminar?

LXXXV.

Intimidad,

tú tan sola despeinada y en bragas, sola tú, tan vulgar. Solo yo te pienso, intimidad, solo yo te siento, presiento tu argumento, lamento. Te pongo voz muda como si fueras mi secreto o mi rumor en la alcoba, pero, al igual que Dios, no consigo apreciar tu rostro, en su lugar no veo luz, me veo a mi perpleja ante el espejo.

Yo más tuya que tú mía, tú y yo tan solas. Intimidad, eres mi demonio alado, aquél que sabe el camino adecuado, pero decide seguir el inapropiado por hacer del vivir algo menos monógamo.

Tú y yo intimidad, hace tiempo que sin rumbo y con delirio de destino comenzamos a navegar, no sé a dónde nos deparará la roja como el vino mar, pero mi único consuelo, aunque a veces te sienta como maldición de algún tuerto que me miró, es saber que mientras te oiga y lleves mis riendas yo seguiré viviendo.

Canciones que resuenan por la acera

Podría tener
veneno en la piel
o estar hecha
de plástico fino,
pero la verdad
es que mi corazón
está helado de frío.

Con el calor del sol
me derrito,
en mi piel
el rastro de los años:
digno de boquetes
de quemaduras,
de estaño
o de bala impacto.

Aunque casi me confieso
y te digo que soy
un perro callejero,
un perro desleal
que aprendió una lección
al volver al desarraigo
del hogar
para entender
qué le llevó a marchar.

Historias delirantes

2020. Primus inter pares

I.

No retes a este audaz aventurero; pues lo que es un cuento de elfos, lo convertirá en un relato siniestro.

No retes a este audaz aventurero; pues lo que hoy llamamos maldad, en comparación mañana será tranquilidad.

No retes a este audaz aventurero; pues lo que es un fiel compañero será el causante de tu cuerpo muerto.

III.

El indefenso cervatillo se presenta ante los demás animales del acogedor pradillo.
Obsérvalo: a primera vista se ve como un animal más: torpe, nada poco corriente, dirán: —Uno más de la lista—. Al contrario, el indefenso animal dentro de sí ocultaba oscuridad que ni él mismo se lo hacía notar, no sé cómo, acabó siendo criminal.

VII.

No en un lugar tan lejano, era una vez un campesino. Era algo vago y despreocupado, pero todo el pueblo dependía de él para sobrevivir: cultivaba maíz, y la alimentación de los pueblerinos giraba a su raíz.
Un caluroso verano, en sus tierras relucía oro, oro en forma de mazorca. En el enorme campo hallaba la mejor cosecha vista

hasta el momento. El campesino, afectado por el calor, con un veneno en el cuerpo en forma de pereza, se sentó en su silla y acomodado se durmió.

Al despertar era casi de noche, y este pensó: —La recojo mañana, total, ¿Qué puede pasar? ¿Acaso va a granizar?— Riéndose a casa marchó. Y como si algo mágico lo hubiera escuchado, todo el maíz con granizo fue machacado.

A la mañana siguiente, el hombre se levantó angustiado; pues en pocas horas todo su trabajo fue malgastado, destruido. Y lo que era peor, a todo el pueblo sin algo que llevarse a la boca había dejado.

Después de esto lejos marchó: nadie más lo vio.

X.

El trébol arrancó su cuarta hoja, se quedó con tres, para que los demás no se rieran de él. Encajó entre los demás, pero su esencia, su ser se marchó con la hoja que dejó caer. Entonces enfermó de ignorancia y olvidándose de su pasado empezó a señalar a aquellos que conservaban su cuarta hoja. Cayó tanto en lo común de la sociedad olvidándose que sin aquella hoja no podía respirar, entonces en las restantes hojas unos agujeros le comenzaron a brotar, su tallo se comenzó a deshilachar, y en el olvido su vida comenzó a volar; fundiéndose así con la tierra, con una muerte fatal.

XVI.

Muñeca llorona empapa su vestido de seda. Sube el caudal de la agonía cada vez que una lágrima recorre tu mejilla. Muñeca llorona ¿Por qué lloras? todavía no ha llegado tu hora.

XVII.

Por qué te vas —Jeanette

Hoy en mi ventana
ya no brilla el sol
y el corazón
ha puesto triste al alma
de tanto contemplar la ciudad.

Como cada noche no dormí
pensando en ti
y en el reloj
ya ni las horas veo pasar
¿Regresarás?

Todas las promesas de mi amor
se esfumaron contigo
me has olvidado
¿Me recordarás?

Se ha fundido la luz del farol
y desaparecieron
todas las cosas que quedaron
por decir, por vivir.

Junto a la estación
se me secaron las lágrimas
como a un anciano.
¿Regresaras?

XXI.

Callejero gato regala sus seis vidas a cambio de una maullándole a la luna lunera.

"Lunera luna permíteme un último baile a tu vera, sólo te quiero ver una vez más brillando, cascabelera".

"Arrabalero minino sólo bailo para el gran astro que me da mi brillo".

Cola cae y ojos lloran, así minino despreció su única bala, mientras un coro de tristes maullidos sus penas cantaban.

2021. Casus belli

II.

—Arde el cielo —dijo el abuelo.
—Porque arriba están en guerra, por ver quién conquista a Atenea. Atenea en verdad solo quiere bailar al son de la azul y despejada paz. Pero la guerra en su corazón la chispa prendió, por ello no la cesa—.
Dicho esto al silencio, el corazón del viejo dejó de latir, y por ella, por Atenea, se unió a la comenzada eterna guerra.

IV.

De vez en cuando alaban su luz, su calor, pero nadie ve el dolor de cuando brilla solo, ausente, pero siempre presente. Envuelto en una esfera de agonizante muerte lenta, ardiente, espera a que su amada, oh bella luna lunera, algo de atención le diera. Ésta, dueña de la noche, vacila con que algún día van a verse pasado mediodía. Estúpido de él, más brilla, cuando a ella se entrega, lo eclipsa: luz con oscuridad imposibilita.

V.
Esperanza —*Ayax*

Esperanza, de mí no te rías más, sé que hace tiempo echaste a volar, pero sigues siendo mi única amistad.
Esperanza, vuelve del cielo vuelve, vivo con tu iris esperanza verde clavado en mi arrugada frente.

Esperanza, con ese nombre viviste junto a la dama que de negro viste, llévame con ella abuela, no estés triste.

Esperanza, tan mentirosa, ambiciosa después de un ataque nuclear bailando con las cucharas el chachachá.

Ábreme la puerta, ciérrame la garganta, haz parar esta vida, es una plaga, no nos abandones aquí Esperanza.

Quédate en casa.

VIII.

—¿Y si el cuchillo escuchara a la herida? —preguntó él.

—Acuchillaría más fuerte —respondió ella mientras le daba una calada al último cigarro del paquete.

—Pero la herida estaría siendo comprendida —reclamó ella.

—La herida estaría mostrando que en verdad sí que le hace daño, y el cuchillo sin piedad se clavaría más y más, hasta que de dolor no pueda ni llorar—. Dicho esto, ella apagó el cigarro en la espalda de él, comprendió que era el cuchillo y que jamás volvería a rozar su herida.

XIII.

Daltónico mirando un arcoíris, una lágrima se escurre por su sepia pupila. No es una lágrima triste, es una lágrima bella. Pues aprecia la belleza desde la ceguera de esta. Pues aprecia la belleza que tus ojos no valoran.

XIX.

Se sienta en una silla enfrente de ella. La mira de arriba a abajo y una sonrisa burlona se le escapa al verla con una camisa de fuerza. Entonces se acerca a ella, posa la cabeza sobre su hombro y con su lengua de serpiente empieza a susurrarle lo que las malas lenguas hablan. Luego con la misma lengua recorre el corazón de ella, posa su nariz sobre la suya, y al mirarla con esos ojos de lagarta el alma de la muchacha habla:

—Las malas lenguas crueles conmigo no son, lo único cruel aquí es mi corazón.

2022. Lato sensu

En el muelle de san Blas

Arrugadas manos durante tantas horas han cosido precisas de simples hilos redes, sola ella con una aguja y la brisa del mar.

Ahora todavía precisa le cose las horas al tiempo, todavía con la aguja y la brisa, mira al mar que demora. Demora la llegada del marinero que hace tiempo fue engullido por la espuma de la mar enfurecida.

¿Qué hacer con esos ojos arrugados y solo brillantes ante el mar? Están cansados, pero no cesan, el descanso lleva a la sepultura, deben aceptar su hora. Pero no ven sus entrañas pudrirse solo ven el espejismo del marino con lágrimas saladas y la brisa tejido.

XI.

Paseaba por un callejón de la ciudad, el cordón suelto de mi zapato marcaba el ritmo de mi llanto, no brota la lágrima por tristeza, menos por felicidad.
Por el callejón de la ciudad la noche se vio caer, una gota cayó del cielo con mi nariz haciéndose chocar, mientras sacaba el paraguas, un pájaro en mi hombro se hizo ver:
—no llueve, nosotros también solemos llorar—.

XX.

Luna lunera ¿no te vacía pasar noches sola ahí fuera?
Lunera luna ¿cómo luces blanca tiñendo la vida con una oscura toquilla?

XXII.

El escenario está negro, solo se escucha el crujir del silencio cuando en mil pedazos estalla por el suelo. La sala está vacía a excepción de una silla donde se aposenta una malvada sonrisa. El telón va abriéndose lento, con sigilo, tras él se ven descolgados dos hilos: de estos, sin función fática cuelga un cuerpo.

Cada vez que el cuerpo intenta avanzar los hilos se tensan y se eleva: como si pudiera volar, pero tampoco muestra que de ahí quiera escapar. De una marioneta sería de esperar que los hilos quisiera cortar, para lograr una utópica y ansiada libertad.

Pero el cuerpo ni con libertad puede soñar pues no posee conciencia que a ella le pueda llevar ni ansias que ciegamente le puedan guiar. Yo, sin embargo, miro hacia abajo y la libertad le deseo, me duelen los dedos de sujetar su peso y los temblores de mí se adueñan cuando la sonrisa gruñe un carcajeo. Pero el cuerpo no suelto, pues qué es del títere sin nada a su manejo; qué sería de mí si el cuerpo corriese libre por el ruedo. Alguna vez he pensado en dejar el cuerpo en el suelo e irme lejos de esta vida sin buscar consuelo "¿Pero entonces qué sería de la sonrisa?" pienso con anhelo.

2023. Ex nihilo

III.

Perdida por el engaño, como el loco a un burdel entrando, entre media docena de espectros me hallo, estos van cubiertos de oropeles y gasas; como en la armada es la espada, el oropel espanta las miradas y las gasas recubren las almas heladas.
Expectantes me miran mientras las palabras por mi boca no se atreven ni a asomarse, solamente mi corazón pega un brinco de temor para al fin saltar a los supuestos brazos de mi salvador.
Cada tecla del piano que toco suena a de las hienas risa, pero tampoco tiene sentido mediante melodía pedir auxilio, pues sordos son los oídos que como los grandes monjes en voto de silencio aguardan día y noche.

IV.

Después de ser arrastrado por una ventisca o de estar agotado del arma homicida, Cronos a Cupido las alas le extirpa, como a la margarita que le ha llegado su día y que amarga, al sol se marchita.

Es el tiempo imparable e irreal, que mata a todo aquel que se le queda atrás, a todo mata el tiempo menos el recuerdo; aquello grabado a fuego se olfatea con el tiempo cuando la brisa, provoca la reminiscencia de la sonrisa.

Todo lo demás, como tiempo atrás, es polvo, polvo que siquiera uno recordará, tres cuartos de lo vivido está destinado al olvido, con el tiempo, también será sepultado tu camino: no son más que simples lágrimas en un torbellino.

VII.

El brillo de las estrellas protagoniza la noche, yo mientras, fumando lo admiro, camuflando el humo, con el ambiente sombrío. Solo miro su brillo, y sonrió, porque no veo su luz, —luz hallada, luz caducada— transporta en sí mil historias —historias pasadas, aún en el destino del rayo historias presentes— del tiempo totalmente independientes.

Del respirar les da igual, lo visto por el brillo, la luz, transporta consigo hasta llegar a su destino, donde le aguarda la inmediatez como castigo. La siempre fanfarrona luz muere por su protagonismo al colarse en este abismo donde olvidando al brillo, al sepulcro de la luz se le llama día y se le opone a la siempre presente —siempre latente— noche.

Quedaros vosotros toda la luz, sed vosotros canciones de día que yo seré serenata de cuando los girasoles se esconden y el olor a dama inunda todo lo que alcanza, yo cantaré esta cándida serenata hasta que la luz de la no más brillante estrella mis ojos haga que estremezca.

IX.

Gato viejo, arrabalero, ojos por lágrimas sellados tiene y el cuerpo pesado. Costoso me persigue guiado por el olor de su inminente ceguera, solo él recuerda lo que era, él y la luz de la farola.

XII.

Taconea gitana, taconea con fuerza, clava tu tacón, golpea tu suela sobre el sepulcro de la vieja. Llora con fuerza, haz que tus muecas se estremezcan, tus volantes vuelan y la vieja ni se entera. Flamenca, bailas al ritmo que tu corazón bombea, nadie te acompaña en el entierro de la muerta, nadie se ha enterado de que la vieja está muerta, pero tú, flamenca hoy roneas por última vez para esta mujer. Tus manos se alzan hacia el gris cielo, dejando en ridículo la altura del ciprés, tus manos acarician por última vez el pelo de la abuela que en el viento se refleja. No estés triste, gitana, sé que no te hacen falta estas palabras para no estarlo, pues entre todos la habéis matado, pero solo tú, gitana, te has enterado.

XIII.

La paloma anda coja y lleva el ala rota, que por el suelo sin mucha soltura arrastra. Picotea las sobras del suelo, en nadie busca consuelo, siquiera en el cielo que una vez surcó veloz. Ahora se conforma con admirar el horizonte, la esfera, y ver cómo las demás aves son libres en ella.

XVI.

Perro viejo en la sabana, acorralado por arañas, no muestra su afilada dentadura pues no quiere asustarlas. No quiere huir de las ocho patas: él eligió situarse a su alrededor, para soportar toda clase de mordedura lleva concienciada la cordura, pero para evitarlas solo puede caer en amargura. Es por eso que no huye, al peligro le enseña tímido sus dientes, esperando con los ojos cerrados la, por experiencia, agresiva respuesta, pero estas arañas no clavan en él sus afiladas dentaduras. Perro viejo no te sorprendas, has confundido por arácnido a todo animal de la sabana, asoma tu rostro rojo de entre las patas donde te resguardas, atrévete a mirar más allá de las musarañas, solo así podrás aguantar en la selva, solo así serás parte de ella.

XVII.

Aunque lo veía todos los días nunca me había fijado en él con especial maravilla, hasta que un día me acerque a la orilla, él estalló en mí, en mis tobillos, luego subió hasta mis rodillas, mi piel se erizaba, el corazón palpitaba. Al día siguiente volví, y en él, en el mar, mi cuerpo entero metí, me regocijé entre sus olas, para por fin llegar hasta su llanura. Entonces, allí, flotando en él, encontré la calma, sentí llena el alma y viva mi llama. Volví a casa feliz y llena de salitre, ansiosa de que llegara el día siguiente para volver a verle. Iba todos los días, siempre que podía, casi sin acordarme de que es el mar, traicionero, revuelto, y con peligro al acecho. Y así fue, que un mediodía, por él fui engullida. Tragué tanta agua, que mis pulmones no fluían, mi cuerpo, aun sin quererlo se hundía, las lágrimas no cesaban, me atragantaba, hasta que perdí el sentido y desperté en una ambulancia.

Desde aquel día, verlo me prohibía, sin querer o por instinto de prudencia, creé una coraza de odio, miedo y resentimiento que se clavaba en mis entrañas, como piedra a la espalda, mi dolor arrastraba. Todos mis conocidos, mi familia y amigos, fueron testigos de aquel día que de por poco no resucito, desde entonces siempre me recuerdan el peligro, me persiguen con los manguitos y me recomiendan una piscina con chiringuito. Yo sé que me quieren, pero no comprenden que lo que es con él, con nadie va a ser. El mar y yo hemos creado paz, hemos construido tantas charlas, tantas tardes y mañanas, tantos cosquilleos y recelos, que, aunque pueda lograr lo mismo en otro sitio, es inevitable, inescrutable nuestro vínculo.

Ahora mismo me encuentro en la orilla, pensando esto, en cómo ha llegado a este punto mi vida, a punto de echar a correr para empezar a chapotear con mis manos, con mis pies, hasta adentrarme entera en el mar. Ya estamos aquí ¿Quién me va a parar? Por mucho que algunos lo vayan a intentar, mucho no me va a importar, porque después de tanta agua tragar, he encontrado la serenidad. Aun así, siento miedo, porque lo una vez hecho se hace de nuevo, quién sabe si hoy me deja flotar y mañana me va a ahogar. Yo también debo de medir la tempestad, no dejarme en aguas revueltas bañar, ni de frío tiritar. Voy a echar a correr ya, en ello no quiero pensar, no me quiero dejar ahogar por algo que no sea el mar, que ya suficiente me está, y será lo que será.

Homicidio suicida

Grito ahogado casi silencioso y repentino, sobre el suelo desgarrado el cuerpo del minino. Yo inmóvil sobre el tejado relato estas letras en la octava vida del minino suicida.

XIX.

Subía a casa del metro, que anteriormente me había vacilado con tardar 20 minutos más de lo acordado, cuando esperando al ascensor a mi lado se posa una mujer. Aproximadamente tendría la edad de mi madre, por la vida ya arrastraba algo de trote, incluso podría decirte que de cara se parecía a ella. La mujer estaba nerviosa, sus ojos de un lado a otro zumbaban, sin apenas percibir que los míos en los suyos se clavaban. Su boca estaba pintada, desgastada, seca, inquieta, y las yemas de sus manos frecuentemente la tocaban, otras veces la escondían, cuando cree que nadie se fija en su desorden. Está nerviosa, angustiada, atrapada y no sé si siquiera lo sabe ella.

Cuando se abren las puertas del ascensor ella sale la primera con prisa, toma mi misma dirección, pronto la alcanzo gracias a la velocidad de su tacón. Entonces, sin verla, escucho que sus pasos resuenan y me vuelvo a acordar de mi madre. Los pasos de esta mujer, que me he tomado la libertad de llamarla Mari Paz, son torpes, cortos, como los de alguien que corre, pero no avanza, alguien con prisa en un atasco de la autopista. Los de mi madre son pasos firmes, a veces chirrían, otras, la planta descalza el suelo dulce acaricia, sus pasos son más sinceros, más anchos, no ocultan su rastro, como el débil titubeo del andar de Mari Paz calle abajo.

No todos los zapatos marcan el mismo ritmo, algunos lo hacen con sigilo, otros dejan estela por donde han ido. Los míos son torcidos, se zarandean de izquierda a derecha para acabar tropezándose mis pies, luego mis piernas entre ellas. Pero a la vez, mis pies, son la aguja de la brújula, son los que no paran para cumplir lo que mi cabeza manda, son mis pasos pequeños los que marcan el rumbo hacia aquel lugar donde algún día puedan en vez de caminar, saltar, volar.

XXIII.

Ella es una persona holgada como una camisa y huesuda, casi cadavérica. Se asoma por la boca de una catarata que no desemboca al completo desnuda.

Grita socorro, ayuda, con la mano extendida como si quisiera alcanzar todo el brillo de la luna. Se precipita al vacío primero su voz la siguen sus costillas. Cae envuelta en anhelo esparciendo la melancolía que a su pecho no quedó ceñida, sellando su solitario destino como si para ello hubiera nacido.

ÍNDICE

INTRODUCCIÓN 7

Delirios del corazón... **9**

2019. Mi primer amor quién con dos meses huyó. 11
2020. Un amor efímero en el intento de retenerlo se torna en
infierno. 15
2021. Enamorada del espejismo causado por el olvido 23
2022. Romancero de guiñoles.. 28
2023. El retorno de mi corazón náufrago y borracho 33

Delirios de mi alrededor **47**

2019. Nos sentimos diferentes y es lo que nos hace iguales
precisamente.. 49
2020. Una cebra en un rebaño de ovejas............................ 55
2021. El tiempo huyendo mientras en un banco lo espero...... 59
2022. Sola entre cabezas encorvadas 64
2023. La más inadaptada entre primates encorbatados.......... 68

Delirios de mi interior.. **83**

2019. Contenida dentro de mí.. 85
2020. Enquistada como bala 89
2021. Hundida en las tinieblas, al pie yo me até la piedra...... 94
2022. Cuadro abstracto al que no le quiero encontrar sentido
.... 105
2023. El lienzo en blanco de un artista bloqueado............... 115

Historias delirantes **137**

2020. Primus inter pares... 139
2021. Casus belli.. 143
2022. Lato sensu 146
2023. Ex nihilo.. 148